聖書のことばが人生を拓く

弁護士が語る問題解決の黄金律

湊 信明［著］
東京弁護士会所属 弁護士

Forest Books

装幀・イラスト　ロゴス・デザイン 長尾優

はじめに

私は、東京の有楽町駅の近くで法律事務所を経営しています。毎日、会社の社長さんから経営に関する相談を受けたり、個人の方から親族相続問題などの相談を受けたりしています。

その中には、直面している問題が大きすぎて、身も心もボロボロになって、生きる希望を失ってしまった人も数多くいらっしゃいます。

私は弁護士ですから、法律を使って事件を解決することが本職です。でも、どんなに法律を駆使したところで、一見、事件は解決できたように見えても、その人が抱えている人生の根本問題まで解決することはできません。カサカサに乾いた心まで癒すことはできないのです。

私はクリスチャンですので、座右の書として聖書に日頃から親しんでいます。聖書は読んでも読んでも奥が深く、生きた知恵や人生の喜びを教えてくれるまさに

「いのちのことば」の宝庫です。私はたくさんの法律問題に関わる中で、人生の根本問題を解決することができるのは、ただ一つ、聖書のことばに耳を傾け、それを受け入れて、人生の柱にしていく以外に方法はないと思っています。

世の中には、キリスト教は禁欲を強いる宗教だとか、信じないと苦しみを受けるとか、暗いイメージをもってしまっている人もかなりいると感じています。そういうイメージをもってしまったがために、聖書のことばに近づこうとせず、空虚な人生を送っている人たちが数多くいることは非常に残念なことだと思います。

聖書は、人生のどのような場面でも、希望をもち、喜びをもって生きなさいと説き、その方法を教えてくれています。本文の中でも詳しくお話ししますが、聖書のことばには、私たちを躍動させるいのちがあり、私たちを光り輝かせ、私たちの人生を拓《ひら》いてくれる力があります。このいのちのことばを学び、受け入れ、実践していくことこそが、喜びあふれる意義ある人生を送る秘訣です。

私は、常々、そのことを一人でも多くの方々に知っていただきたいと思ってきました。そうしたところ、私が五十歳になるのを機に、キリスト教の月刊誌「百万人の福音」に、その思いを連載する機会をいただきました。二年間にわたって連載させていただき、本書はそれを一冊にまとめたものです。本書が、希望と喜びをもって生きるための一助となりましたら何よりうれしく思います。

もくじ

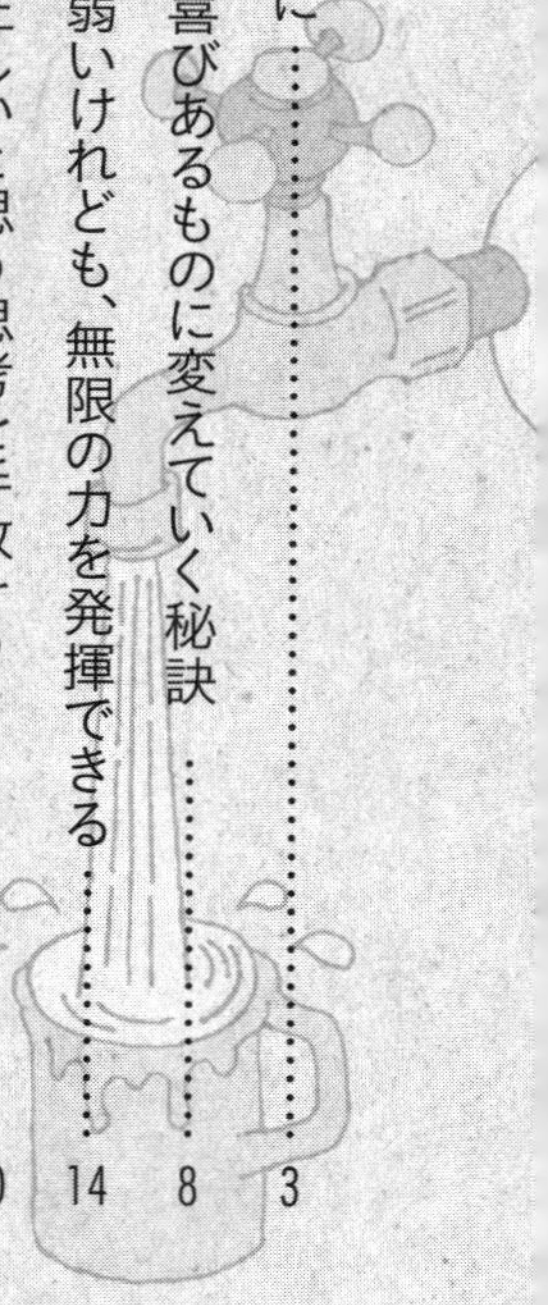

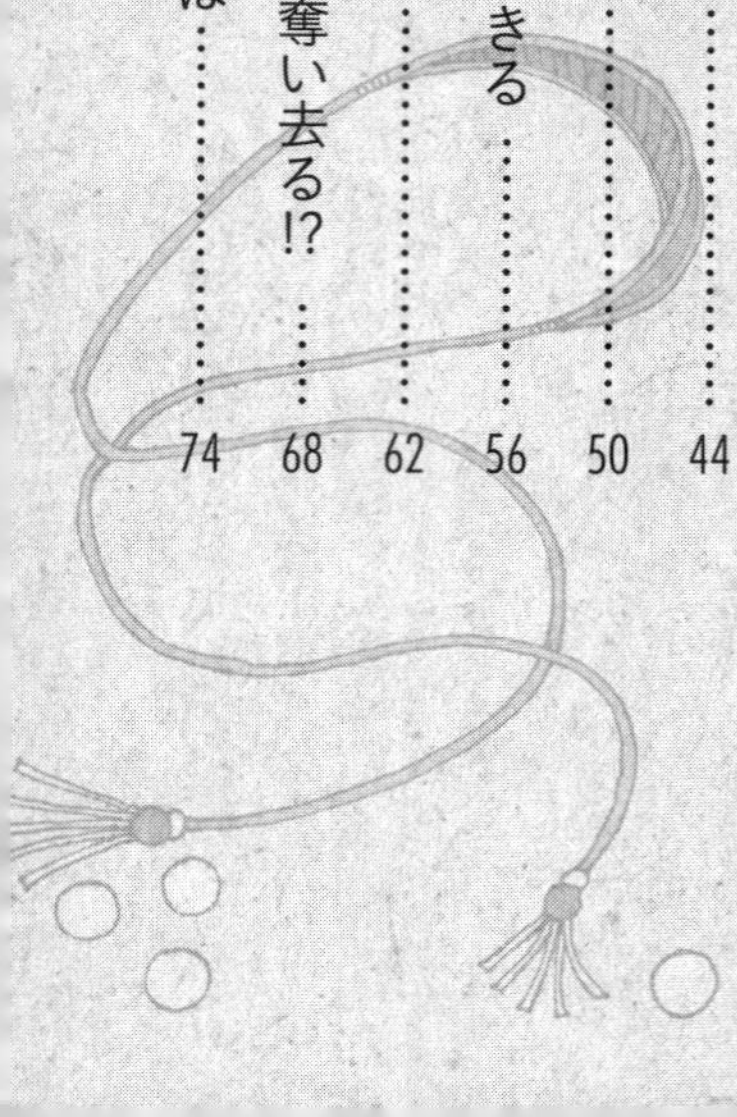

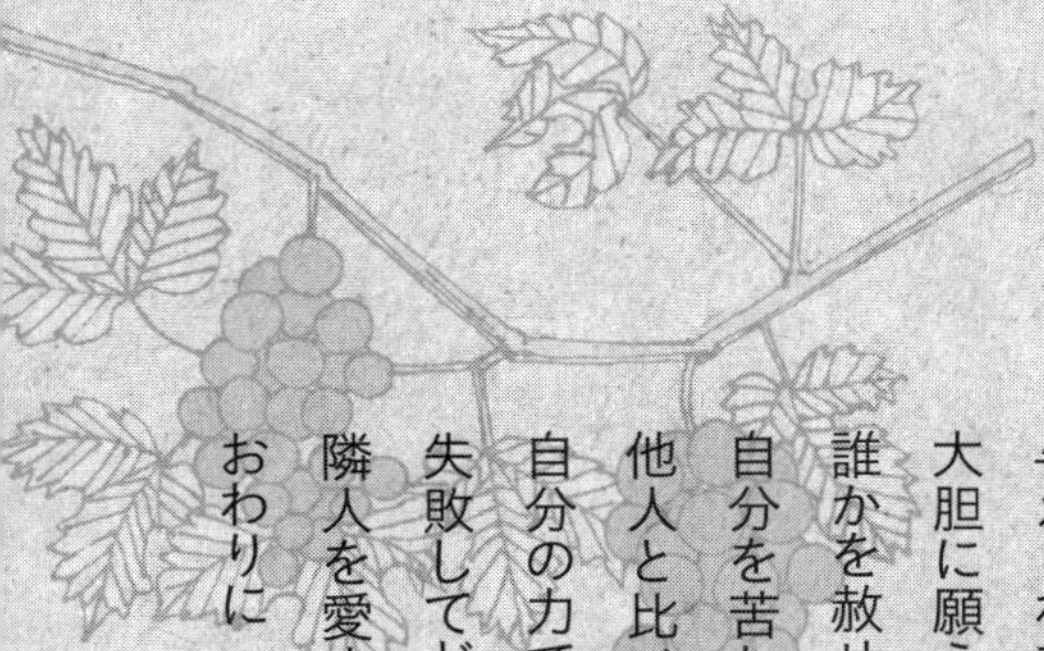

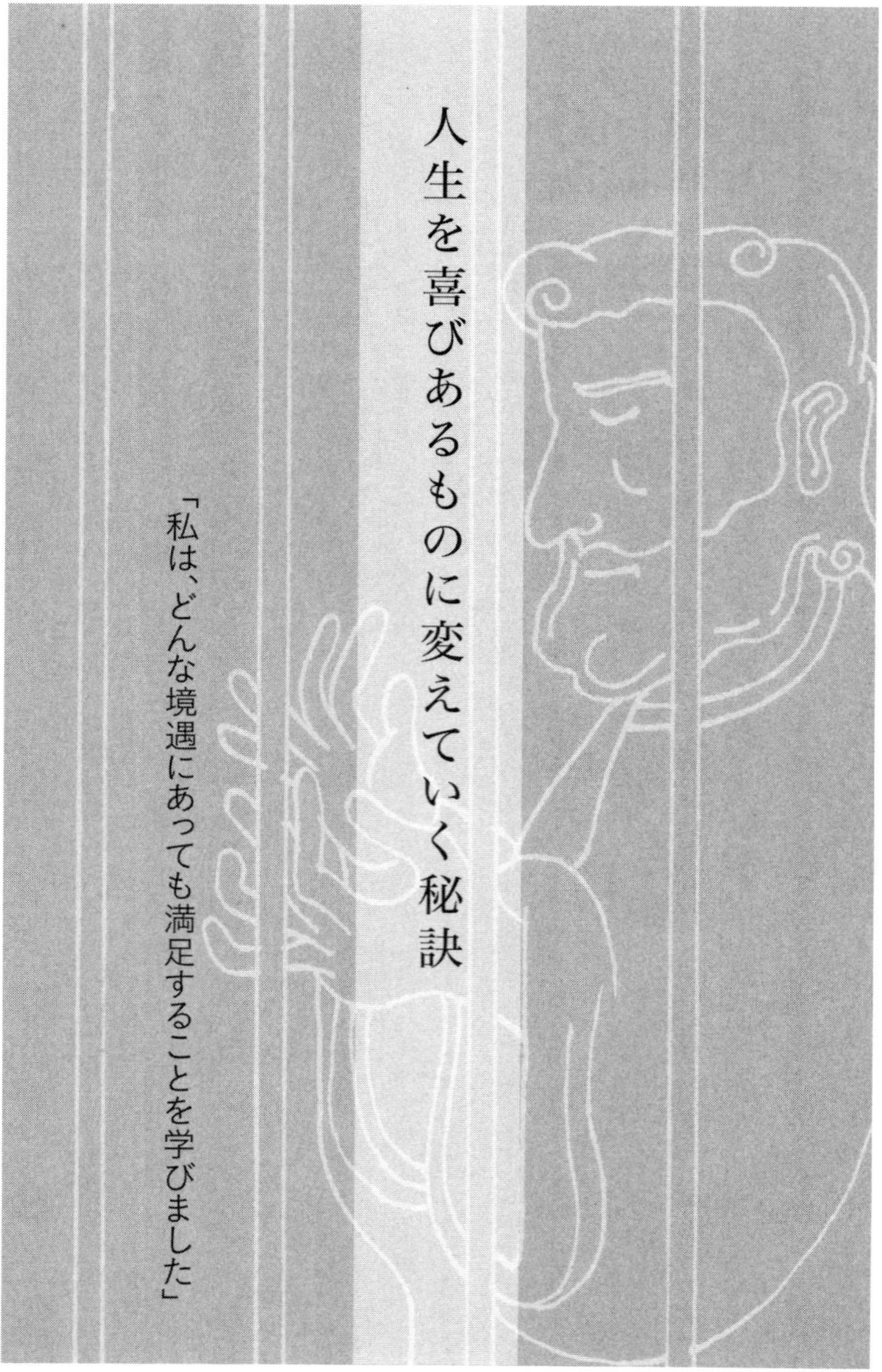

人生を喜びあるものに変えていく秘訣

「私は、どんな境遇にあっても満足することを学びました」

人は誰でも、豊かで幸福な人生を送ることを願っています。しかし現実は個人間のトラブルから会社間のトラブルまで、大小さまざまな紛争や問題から逃れることはできません。そして当事者間で解決できなくなると、最終的には裁判所に訴え出て解決を求めることになります。最近の司法統計では、二〇一六年度だけで新たに約百五十万件の民事行政関係事件の訴訟が提起されたと報告されています。

よくテレビ番組の中で「訴えてやる！」などと叫ぶ場面が登場します。こうした人たちは、人生に問題が発生しても最後は裁判所や法律が解決して助けてくれるのではないかと、期待をしているのかもしれません。

もちろん、法律や裁判というシステムは、当事者間の紛争を迅速に解決する手段として非常に有用です。しかし、そうだとしても、法律や裁判によって、人生のすべての問題が解決されるというわけではありません。むしろ、解決されているのは発生した問題のごく一部にすぎないということが多々あるのが現実です。

ある女性が私の事務所に、「夫が浮気を繰り返し、DV（配偶者への暴力）も受けているので、離婚したいんです。子どもの親権は絶対に手放せません。これからの生活もありますから、夫からできるだけたくさんの慰謝料と財産分与を取ってください」と相談をもちかけてこられました。彼女は疲れ果てていたものの、裁判に勝つことができれば人生に活路が見いだせると、大きな期待を寄せているようでした。

一年半にわたる格闘の末、最大の争点だった親権を得ることに成功し、多額の慰謝料と財産分与も獲得し、依頼事項のほとんどを勝ち取りました。しかし、勝訴判決を受けたとしても、低賃金、一人親での子育て、差別や孤独など多くの現実にさらされることになり、彼女の苦しみはなお続いていったのです。

また、ある会社経営者は、「事業がまったくうまくいきません。銀行借入だけでは追いつかず、ノンバンクからも借り入れ、現在はヤミ金融にまで手を出してしまい返済に追われています。何とかしてください」と相談をしてこられました。

私たちはすぐに債務整理に着手し、返済額縮減交渉や過払い金の返還請求を行い、ヤミ金融に対しては元金返済すらしない交渉をして、法的手続きはすべて終了しました。ところが、事件としては解決を迎えても、この経営者は、銀行や取引先からの信用を失い、それからの事業は苦難の連続でしたし、残念なことに家族関係も悪化していってしまいました。

「今日一日を喜べない人間は一生喜べない人間である」ということばを聞いたことがあります。確かにそのとおりかもしれません。しかし、現実に苦難の中にいる人にとって、これほどつらいことばはないでしょう。弁護士の仕事は、法律によって人々の生活を幸せにするはずなのに、法律による解決だけでは、依頼者に喜びある人生をもたらすことができないことに無力感を覚えることがあります。

§

それではいったい、人はどのようにすれば、今日一日を喜びにあふれて、力強く生き生きと生きていけるようになるのでしょうか。それは、新約聖書の中に登場するパウロの生き方から学ぶことができます。パウロという人は、当初は、イエスを救い主と信じる者は神を冒瀆《ぼうとく》する者であるとして厳しい迫害をしていたのですが、後に改心して一生を伝道のためにささげた人です。その伝道活動の間、彼は何度も何度も投獄され、鞭で打たれ、石を投げつけられました。飢えも貧しさも経験しました。普通に考えればこれほどの不幸や苦しみはないでしょう。

しかし、パウロはこのように言います。

「私は、どんな境遇にあっても満足することを学びました。私は、貧しくあることも知っており、富むことも知っています。満ち足りることにも飢えることにも、富むことにも乏しいことにも、ありとあらゆる境遇に対処する秘訣を心得ています。私を強くしてくださる方によって、私はどんなことでもできるのです」（ピリピ人への手紙四章一一～一三節）

パウロは、改心する前は神の前に多くの罪を犯しました。おそらく煩悶と自己嫌悪の中で生きていたでしょう。しかし、イエスの「いのちのことば」によって変えられていきます。そして、パウロは、たとえ今がどんなに貧しかろうと、飢えていようと、どんな境遇にあろうとも、それに対処し満ち足りることができる「秘訣」というものがあって、それは「学ぶ」ことによって得られると断言するに至ったのです。

その秘訣が書いてあるテキストブックとは何でしょう? それは聖書です。聖書の中には人生を拓く「いのちのことば」が満ちています。人生の現実は、家内安全・商売繁盛・無病息災であり続けることはできません。問題が発生するのが人生です。重要なことは、その問題にいかに対処し、喜びある人生に変えていくかです。聖書の中から、どんな境遇でも満ち足りることができる秘訣を学び、体得していくことこそが大切なのです。

人間は弱いけれども、無限の力を発揮できる

「あなたがたにできないことは何もありません」

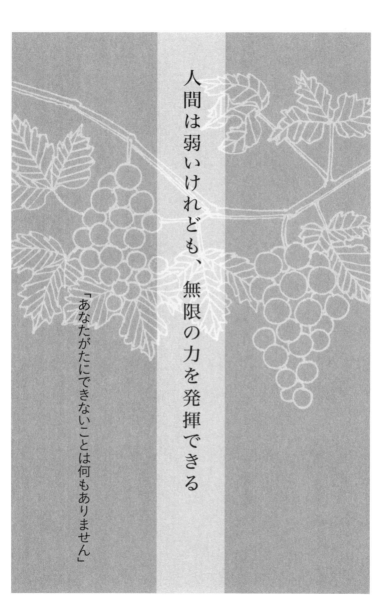

人間は不正をしてでも自己の利益を上げようとし、それが原因となって紛争にまで発展してしまうことがあります。

私は以前、遺産分割の事例で、「私の父は晩年、認知症となり、先日亡くなりました。父はかなりの財産を遺していたはずですが、同居していた長男が、父が認知症であるのをよいことに、父の財産を使い込んでいたことが発覚しました。何とか取り戻してもらえないでしょうか?」というご相談を頂いたことがあります。

また、会社間の紛争の事例では、「当社はある会社に製品の製造と販売を委託していました。ところが、その会社は、本当はもっと多くの製品を製造販売していたのに、その数をごまかして、不当な利益を上げていたことがわかりました。不正な利益を取り返してもらえないでしょうか?」という相談をお受けしたこともあります。

いずれの紛争も、「バレることはないから不当に利益を得ても大丈夫だろう」という不純な動機があったことが原因です。両事件とも、その後は訴訟に発展し、当然のことながら長男と製造受託会社は敗訴判決を受けて多額の損害賠償義務を負わされることになりました。

現実社会では、このような不正行為は日常茶飯のことです。私たちの法律事務所にも同様の相談がよく持ち込まれます。ここまでではないにしても、私たち人間の心の中にも不純でずるい気持ちが存在します。

では、いったいなぜ、悪いことだとわかっていてもこのような不正行為を働いてしまうのでしょう？　また、人間はなぜ不純でずるい気持ちを消し去ることができないのでしょう？

それは、神が人間に特別に与えられた「無限の強さ」を自覚せず、自分の力だけで生き、不安の中で生きてしまっているからではないかと思います。

人間は、人一人を単体で考えれば、吹けば飛ぶような小さく無力な存在です。ですから、人間が、神から離れて自分の力だけで生きようとすれば、すぐに限界がきて、生きる強さを失って先行きが不安になり、多少のズルをしてでも利益を得てやろうという意識が芽生えてきてしまうのだと思います。

しかし、人間は、実はそんなに弱い存在ではありません。

聖書は、**「神は人をご自身のかたちとして創造された」**（創世記一章二七節）、**「あなたは　人を御使《みつか》いより　わずかに欠けがあるものとし　これに栄光と誉れの冠をかぶらせてくださいました」**（詩篇八篇五節）と記しています。

人間は、神よりいくらかは劣るとしても、神に似たものとして創造されているわけです。ですから神は、私たちの「いのち」の中に、神が宇宙を創り出したのと同じくらい大きな創造力を与えており、豊かに恵まれた人生を送ることができるように約束しているのです。

それでは、私たち人間がこの大きな力を発揮して生きるためにはどうしたらよいのでしょう?

§

聖書は次のように言います。

「わたしにとどまりなさい。わたしもあなたがたの中にとどまります。枝がぶどう

の木にとどまっていなければ、自分では実を結ぶことができないのと同じように、あなたがたもわたしにとどまっていなければ、実を結ぶことはできません。わたしはぶどうの木、あなたがたは枝です。人がわたしにとどまり、わたしもその人にとどまっているなら、その人は多くの実を結びます。わたしを離れては、あなたがたは何もすることができないのです。わたしにとどまっていなければ、その人は枝のように投げ捨てられて枯れます。人々がそれを集めて火に投げ込むので、燃えてしまいます。あなたがたがわたしにとどまり、わたしのことばがあなたがたにとどまっているなら、何でも欲しいものを求めなさい。そうすれば、それはかなえられます」（ヨハネの福音書一五章四〜七節）

私たちは、神によって造られたと聖書は断言します。ですから神のうちにとどまらず、自分勝手な判断で野放図に生き続けるなら、じきに枯れ果てて、投げ捨てられてしまうことになります。しかし、私たちが神のうちにとどまり、神のことばに従って生きるなら、感謝と喜びに満ちあふれ、私たちに与えられた無限の力を発揮することができるようになるのです。

イエスは、このようにも言っています。

「もし、からし種ほどの信仰があるなら、この山に『ここからあそこに移れ』と言えば移ります。あなたがたにできないことは何もありません」（マタイの福音書一七章二〇節）

不正がはびこる現代社会ですが、私たちは、人や会社をごまかしたり、不正をしたりして生きる必要はありません。神の「いのちのことば」にしっかりとつながって、神から大きな生きる力を得て、感謝と喜びをもって、堂々と溌溂《はつらつ》として生き抜いていきたいものです。

自分が正しいと思う思考を手放そう

「偽善者よ、まず自分の目から梁《はり》を取り除きなさい」

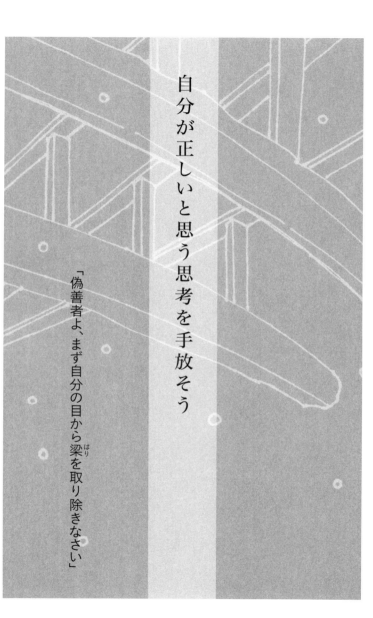

アル・カポネといえば、かつて全米を震え上がらせた暗黒街の帝王です。しかし、デール・カーネギーの名著『人を動かす』によりますと、驚いたことに当のカポネは、「おれは働き盛りの大半を、世のため人のために尽くしてきた。ところが、どうだ……おれの得たものは冷たい世間の非難と、お尋ね者の烙印《らくいん》だけだ」と嘆いていたというのです。そして、カポネは自分のことを悪人だと思っていないどころか、自分は慈善家だと大まじめで考えていたというのです。

カポネですら自分を正しい人間だと考えていたのだとすれば、普通に生きている私たちはいったい、どのくらい自分が正しいと思っているのでしょうか?

この世の法的紛争は多くの場合、カポネ同様に私たちがもっている「自分は正しい」という思考に起因して発生しています。

過去に私がある会社の従業員から相談を受けたパワハラ事件でもそうでした。自分の卓越した力量で売り上げを上げているワンマン社長が、できの悪い従業員に対して、「この能無し！　誰のおかげでメシが食えてんだ！　この給料どろぼう！」と罵声を浴びせていたのです。度重なるパワハラによってこの従業員はうつ病になり、この社長をパワハラを理由に訴えることになりました。しかし、この社長は、この従業員を鍛え上げてやろうと思ってあえて言ってあげていたんだと主張し、なんという不当な訴訟を提起してきたんだと憤慨していました。

また、離婚事件でもこんなことがありました。妻側は、「私は、炊事・洗濯・子育てと、家のことを朝から晩までやっているのに、夫ときたら、毎日お酒を飲んで帰ってきて、まったく家のことを顧みてくれない」と言います。夫は、「自分は会社で社長からガミガミ言われ、夜も取引先の接待で遅くまで働いているのに、妻ときたら自分が出勤した後はグウタラで、まったく夫に感謝しない」と言うのです。この夫婦は、それぞれ、自分こそは家族のために尽くしているのに、相手はそれに感謝もしないと考え、それが原因となって離婚劇へと発展していったのです。

両事件とも、その紛争の根には、自分が正しく、相手が間違っているという考えが存在しています。

§

マザー・テレサはこう言っています。「思考に気をつけなさい、思考はいつかことばになるから。ことばに気をつけなさい、ことばはいつか行動になるから。行動に気をつけなさい、行動はいつか習慣になるから。習慣に気をつけなさい、習慣はいつか性格になるから。性格に気をつけなさい、性格はいつか運命になるから」。

マザー・テレサは、人生の中で何よりもまず、「思考」に気をつけなさいというのです。私たちは、「自分が正しいと思うその思考」の陰に隠れて、相手を愛する心、思いやる気持ちを失ってないか十分に注意しなければなりません。そうしないと、結局は自分の運命まで貶《おとし》めてしまうことにもなりかねないのです。

先のワンマン社長は、自分が正しいと過信し、従業員に感謝する思考を欠いたために裁判となり、会社は大混乱となる運命となりました。また、例の夫婦はお互い自分こそが正しいと考え、相手を愛する思考を欠いたために、壮絶な離婚訴訟へと突入していきました。

イエスは、このように言っています。

「あなたは、兄弟の目にあるちりは見えるのに、自分自身の目にある梁には、なぜ気がつかないのですか。あなた自身、自分の目にある梁が見えていないのに、兄弟に対して『兄弟、あなたの目のちりを取り除かせてください』と、どうして言えるのですか。偽善者よ、まず自分の目から梁を取り除きなさい。そうすれば、兄弟の目のちりがはっきり見えるようになって、取り除くことができます」（ルカの福音書六章四一、四二節）

梁というのは、家屋の強度を支える大きな木材です。人間は相手の目の中のごく小さなちりには気づくのに、自分の目の中にある巨木にすら気がつくことができないのです。それは、相手が誤っており自分は正しいという思考から離れることができないからです。目の中の梁は、常に正しい顔をして微笑んでいるので、自分では気づけないのです。それが本当に恐ろしいのです。

もし社長が自分の梁に気がついて、愛の心をもって従業員に接したなら、どれほどこの従業員は喜び、やる気を出して働くこととなり、ますます会社が発展していったことでしょう。夫婦が、それぞれまず自分のほうからおのれの梁に気づいて、相手を思いやる心をもって接したなら、どれほど深く愛を育む夫婦として成長していったことでしょう。

梁に気がついて自分のほうが率先して改めることは、決して損なことではありません。梁に気づかず放置していれば行き着くところは敗北の人生です。しかし、自分の中にある梁に気がついて、自分がまず率先して改めた人は、最後には喜びある勝利の人生を歩むことになるのです。

鍵は、悪い思いを捨て良い思いで満たすこと

「すべて愛すべきこと…に心を留めなさい」

日本国憲法第一九条は、「思想及び良心の自由は、これを侵してはならない」として、思想良心の自由を保障しています。他の人権規定が絶対無制約ではなく、公共の福祉による制約を受けるのに対して、思想良心の自由は絶対無制約の人権である点に特徴があります。たとえば、表現の自由は憲法二一条により保障されますが、他人の名誉権を侵害する言論活動は公共の福祉に反するものとして認められません。財産権（憲法二九条）もさまざまな社会的要請から制約を受けます。

しかし、思想良心の自由は心のうちにとどまり、他の人権と衝突することがありません。また、人間の諸活動は人間の精神から生まれるものですから、思想良心の自由がなければ、表現の自由その他の精神的自由、経済的自由も存立の基盤を失ってしまいます。ですから、思想良心の自由はすべての自由の基礎として、絶対無制約な人権として保障されているのです。

このように、思想良心の自由が国家権力との関係で絶対無制約に保障され、どのような考えをもつことも認められることは極めて重要です。しかし、人生を喜びと感謝にあふれて力強く生き生きとしたものにしたいなら、自分の心の中に生じてくる思いや考えを何でも野放図にさせておいてよいというわけにはいきません。

イエスは、人の心の中の思いについてこう言っています。

「『姦淫《かんいん》してはならない』と言われていたのを、あなたがたは聞いています。しかし、わたしはあなたがたに言います。情欲を抱いて女を見る者はだれでも、心の中ですでに姦淫を犯したのです」（マタイの福音書五章二七、二八節）

姦淫という行動に出なくても、内心において情欲の思いを抱いた場合には、その時点で罪に陥っていると手厳しく指摘しているのです。

これは、姦淫についてだけ問題にされるのではありません。人の物を盗んでやろうという思い、殺してやろうというような思いはもとより、心の中で、友人、妻や夫、子どもや親、上司や部下などに、怒り、恨み、妬みなどの思いを抱くならば、それは罪を犯したことになるというのです。そして聖書は、**「罪の報酬は死です」（ローマ人への手紙六章二三節）**とまで言います。

雑草の種からは雑草しか育たないように、悪い思いは、悪いことばを引き出し、悪いことばは悪い行動を、悪い行動は悪い習慣、悪い性格へと発展し、悪い運命、そして死に行き着くと警鐘を鳴らしているのです。

これに対して、心の中を良い思いで満たした場合にはどうなるのでしょうか？

聖書はこう言っています。

「最後に、兄弟たち。すべて真実なこと、すべて尊ぶべきこと、すべて正しいこと、すべて清いこと、すべて愛すべきこと、すべて評判の良いことに、また、何か徳とされることや称賛に値することがあれば、そのようなことに心を留めなさい。……そうすれば、平和の神があなたがたとともにいてくださいます」（ピリピ人への手紙四章八、九節）

心を野放図に放ったらかすのではなく、意識的に、真なるもの、善なるもの、美なるものに集中せよと言っているのです。そうすることによってこそ、心を平安で満たし、感謝と喜びの人生を送ることができるのです。

§

キリスト教は禁欲を迫る宗教だと批判する人がいます。そんなことをするより自分の好き勝手に生きたほうが楽しいし、人生を謳歌《おうか》できるというのです。確かに、一瞬だけを捉えるとそう思えることもあります。しかし、それは決して長続きはしません。必ず、大きな壁にぶつかることになり、不安や恐れに思い悩むことになります。

それでは、心の中を良いもので満たすにはどうしたらよいのでしょう。目を閉じて自分の心をのぞいてみると、何も考えていなくても、さまざまな情景が想念として浮かんできます。この想念の情景は、自分の心の状態を反映しています。この想念が思考を生み出しているのです。想念の情景を、悲しみが支配していると悲しみの思考が、怒りが支配していれば怒りの思考が発生してきます。この想念の情景をいかにきよく美しいものにし続けるか、それを意識的にコントロールするかが鍵なのです。

私の場合、たとえば、想念の情景が恐れや不安で支配されているなら、すぐに、

「恐れるな。わたしはあなたとともにいる。たじろぐな。わたしがあなたの神だか

ら。わたしはあなたを強くし、あなたを助け、わたしの義の右の手で、あなたを守る」（イザヤ書四一章一〇節）という聖書のことばを何度も唱えて、心を力強い想念の情景に入れ替えていくようにしています。

墨汁の入ったコップに、水道の蛇口から一滴一滴、水を入れていくと、一晩するとすべて美しい水で満たされていくように、自分の心を誠と愛と調和で満たしてくれる聖書のことばを一つずつ入れ、悪い想念を追い出していくのです。自分の心で何を考えさせ何を思わせるか子細に監視し、きよく美しい想念で満たされるようにコントロールしていけば、いつかは必ず、生き生きと喜びにあふれる力強い人生へと変えられていきます。

口にどんなことばを語らせるか、語らせないか

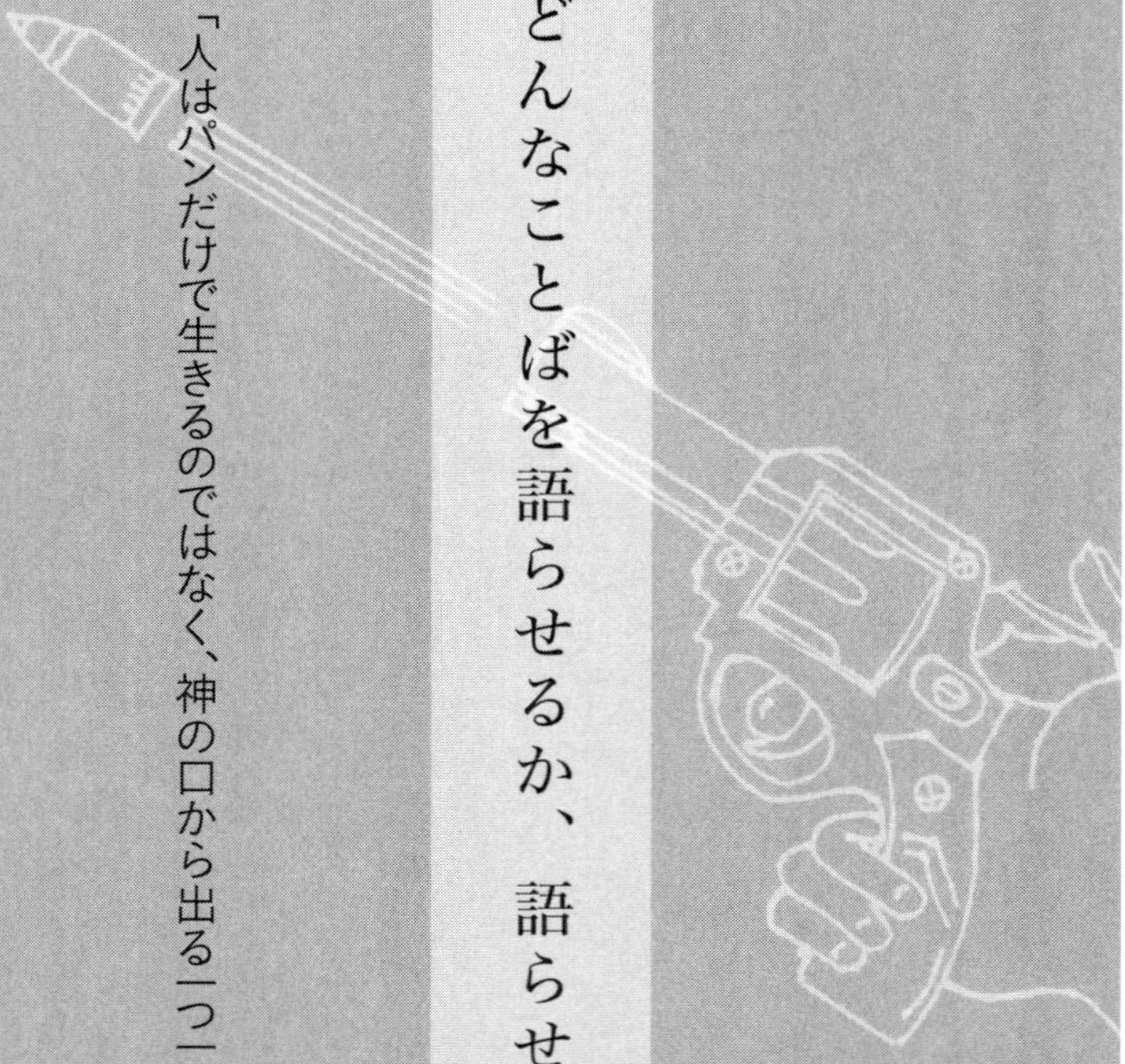

「人はパンだけで生きるのではなく、神の口から出る一つ一つのことばで生きる」

イギリスの思想家・歴史家のトーマス・カーライルは、「雄弁は銀、沈黙は金」ということばを残しています。雄弁に語ることも大事ですが、沈黙すべきときに沈黙できるように自分をコントロールすることはもっと大切なことだと教えているのです。

古今東西を問わず、為政者がうかつなことばを発したことにより失脚した例は枚挙にいとまがありません。近時も、日本の政治家たちは、隣人である中国や韓国の人たちを不用意に触発する発言を繰り返し、いたずらに関係を悪化させていますが、それはたいへん残念なことです。

家族間や友人どうしのいざこざでも、そんなことさえ言わなければどうということもなかったのに、初めにそういうことばを吐いてしまったがために、際限ない争いに発展し、果ては裁判沙汰というケースもよくあることです。売りことばに買いことば、互いに興奮してくるとますます沈黙を守ることが難しくなってきます。そして後になって、「ああ、あんなこと言うんじゃなかった……」と後悔することになるのです。

聖書は、**「隣人《となりびと》を蔑む者は良識がない。英知のある者は沈黙を守る」（箴言一一章一二節）**と教え、さらに、**「あなたは自分のことばによって義とされ、また、自分のことばによって不義に定められるのです」（マタイの福音書一二章三七節）**と教えています。

ですから、私たちは自分の口にいかなることばを語らせ、いかなることばを語らせないのかということを、しっかりと判別し、沈黙すべきときにはちゃんと黙っていられる心を養っていくことが大切なのです。

§

それでは私たちは、口に出すときは、いったいどのようなことばを用いていけばよいのでしょうか？

私は仕事柄、毎日、たくさんの方々とお会いします。その人が使うことばが、はつらつとして積極的で、喜びや希望や勇気にあふれていると、それに呼応するように人生が形づくられていき、反対に、怒りや悲しみ、迷いが、もう遠慮なく口からとめどなく出ているような人は、人生の状況も悪化し、精神的な病にまで行き着いてしまうことも少なからずあるように思います。

私はそういう状況を見ていて、人の口はピストル、思いは照準、そしてことばは弾丸のようだなと思います。良い思いに照準を合わせて、良いことばを口から発すれば、良い結果に命中して良い人生が創造され、逆に、悪い思いに照準を合わせて悪いことばを口から発すれば、照準どおりに、悪い結果に命中して、確実に自分が望まない人生が創造されていくように思えるのです。弾丸はピストルから発射されてしまえばその方向を変えることができないように、ことばも発してしまえば、発したことばの内容のとおりに形づくられていってしまうようなのです。

聖書に、**「初めにことばがあった。ことばは神とともにあった。ことばは神であった。この方は、初めに神とともにおられた。すべてのものは、この方によって造られた。造られたもので、この方によらずにできたものは一つもなかった」（ヨハネの福音書一章一～三節）**ということばがあります。

すべての初めにことばがあり、このことばがすべてのものを造り出した、つまり、宇宙も地球も人も動物も、そのすべてをことばが造り出したというのです。だとすると、このことばは、すべての初めの初めであって、私たちが住む世界の根本の根本なのですから、このことばを用いて話すことができるようになるなら、そこに間違いがあるはずがありません。

では、このことばはどうやって学べるのでしょう？

聖書は先のことばに続けて、**「ことばは人となって、私たちの間に住まわれた。私たちはこの方の栄光を見た。父のみもとから来られたひとり子としての栄光である。この方は恵みとまことに満ちておられた」（ヨハネの福音書一章一四節）**と言っています。つまり、すべてを創造したことばは、イエス・キリストとなって私たちの世界に来たのです。ですから、イエスのことばを学んで、全力でそのことばを用いていけばよいわけです。

だからこそイエスは、**「『人はパンだけで生きるのではなく、神の口から出る一つ一つのことばで生きる』と書いてある」（マタイの福音書四章四節）**と語ったのではないでしょうか。

イエスのことばは聖書に書いてあります。ですから、聖書に書いてあることばを自分の血肉とし、常日頃から、きよく正しく強く尊いことばを使って生きることが大切なのだと思います。そして、そうすることにより初めて、生き生きと感謝と歓喜の中に生きていくことができるように人生が形づくられていくのだと思っています。

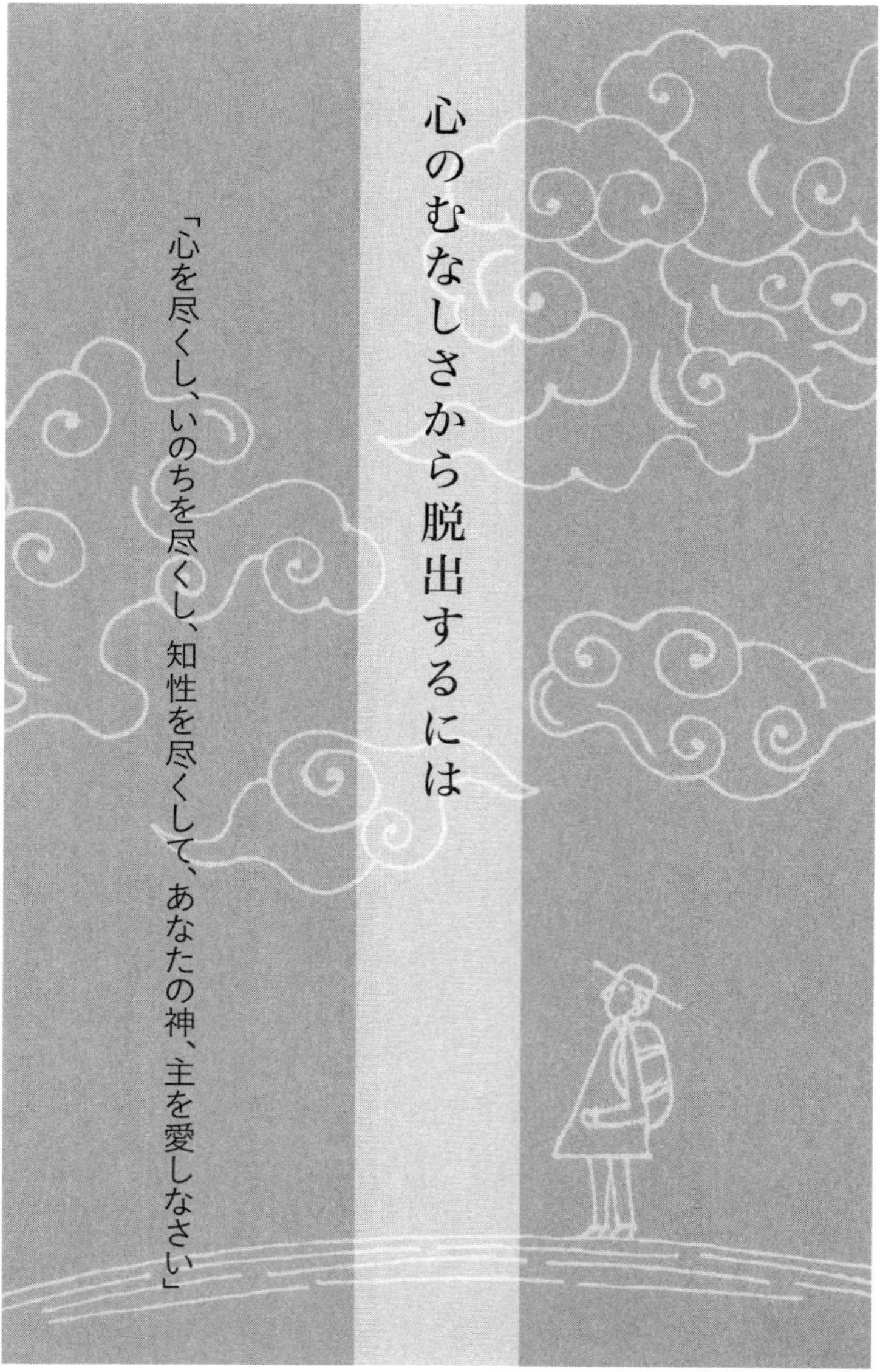

心のむなしさから脱出するには

「心を尽くし、いのちを尽くし、知性を尽くして、あなたの神、主を愛しなさい」

私が司法試験受験生だった頃の話です。

当時の司法試験は合格率二パーセントの狭き門。私は、何度も何度も試験に落ち、十回めでようやく合格できました。司法試験の合格発表が行われていたのは、霞が関にある人事院前で、そこから道を隔てたところに日比谷公園がありました。発表掲示板を見て自分の受験番号がないのを確認すると、「あー、今年もダメかぁ」と大きくため息をつき、トボトボと日比谷公園に向かい、ベンチに座って途方に暮れるというのが年中行事でした。

ベンチで周りを見渡せば、家族連れが楽しく遊んでおり、空を見上げると、カラスが私をバカにしたようにカーカー鳴いています。遠くに視線を移せば、いつもとまったく同じように人々が行き交うのが見え、街の喧噪《けんそう》が聞こえてきます。

そうして私は、「あーそうか。自分が合格しようがしまいが、世の中は何も変わらないんだなぁ。誰も私を見向きもしないし、世間はむなしいものだなぁ……」と思ったものでした。

それから何年かたって、ようやく試験に合格して弁護士になり、さまざまな事件で、依頼者の代理人として、相手方と交渉したり、裁判所で訴訟をしたりするようになりました。

事件には、勝ち筋の事件と負け筋の事件があります。弁護士の仕事は、勝てると予測される事件を確実に勝つこと、負ける可能性がある事件は、いかに相手に譲歩を迫って依頼者に利益を得させるかが勝負となります。この仕事の質が高いほど、依頼者から評価してもらえることになります。裁判などで好結果が出ると、依頼者から、「おかげさまで良い結果を勝ち取ることができました。本当にありがとうございます」とお礼を言われたりするのですが、この時が弁護士冥利に尽きる瞬間です。

しかし、何年かしてその依頼者に再会すると、「相変わらず経営は大変だし、先生にやってもらった裁判と同じような紛争になりそうな案件がありましてね。まったく、いつになったら楽になるんですかねぇ」などとむなしいため息をつかれてしまうこともあります。

§

聖書の中にもむなしい思いを吐露している人がいます。

「空の空。伝道者は言う。空の空。すべては空。日の下でどんなに労苦しても、それが人に何の益になるだろうか。一つの世代が去り、次の世代が来る。しかし、地はいつまでも変わらない。……私は自分が手がけたあらゆる事業と、そのために骨折った労苦を振り返った。見よ。すべては空しく、風を追うようなものだ。日の下には何一つ益になるものはない」（伝道者の書一章二〜四節、二章一一節）

むなしい思いにとらわれた主はソロモン。あのダビデの子でイスラエル国王となって国中の富を手にし、栄華を極めた人物です。そのソロモンでさえ、「すべてはむなしい」と言うのです。そうであれば、私たちはいったいどうやって生きていけばよいのでしょうか。

ソロモンは、世の思い煩いに悩み続けた人でした。ソロモンは、神を愛していましたが、その一方で富や権力など、この世の煩いに心を支配されてしまっていたのです。

私も、反省させられるところが多くあります。つい、この世の基準で善悪と優劣を判断し、自分と他人を評価してしまうのです。そして、いつしか心にも疲れが生じ、虚無感に襲われ、生きる喜びもどこかにいってしまったような状態になることがあります。

この世の権勢と栄華を極めたソロモンが行き着いた結論は、この世の富や権力に意味はなく、むなしいということでした。そして、ソロモンは、最後にはこう言います。**「神を恐れよ。神の命令を守れ。これが人間にとってすべてである」（伝道者の書一二章一三節）**

神の最も大切な命令とは何でしょうか？　聖書は、**「『あなたは心を尽くし、いのちを尽くし、知性を尽くして、あなたの神、主を愛しなさい。』これが、重要な第一の戒めです。『あなたの隣人を自分自身のように愛しなさい』という第二の戒めも、それと同じように重要です」（マタイの福音書二二章三七～三九節）**と教えています。

この世では富の多さや地位の高さが優劣の基準となりがちで、また悪いことをしている人がかえって得をしているように見えて、矛盾を感じることがあります。

しかし、そういうことはどうでもよいことです。私たちが本当に意義ある人生を送りたいのなら、知力の限り神を学び、全力で神のことを思い、心を神でいっぱいにして生きなければならないということを教えられます。また、それと同時に、妻子、親、兄弟、友人、同僚、上司、部下、触れ合うすべての隣人を自分と同じように愛すること。本当に難しいことですが、それによってこそ、真の喜びある人生を送ることができるのだと思います。

勇気にあふれて生きる秘訣

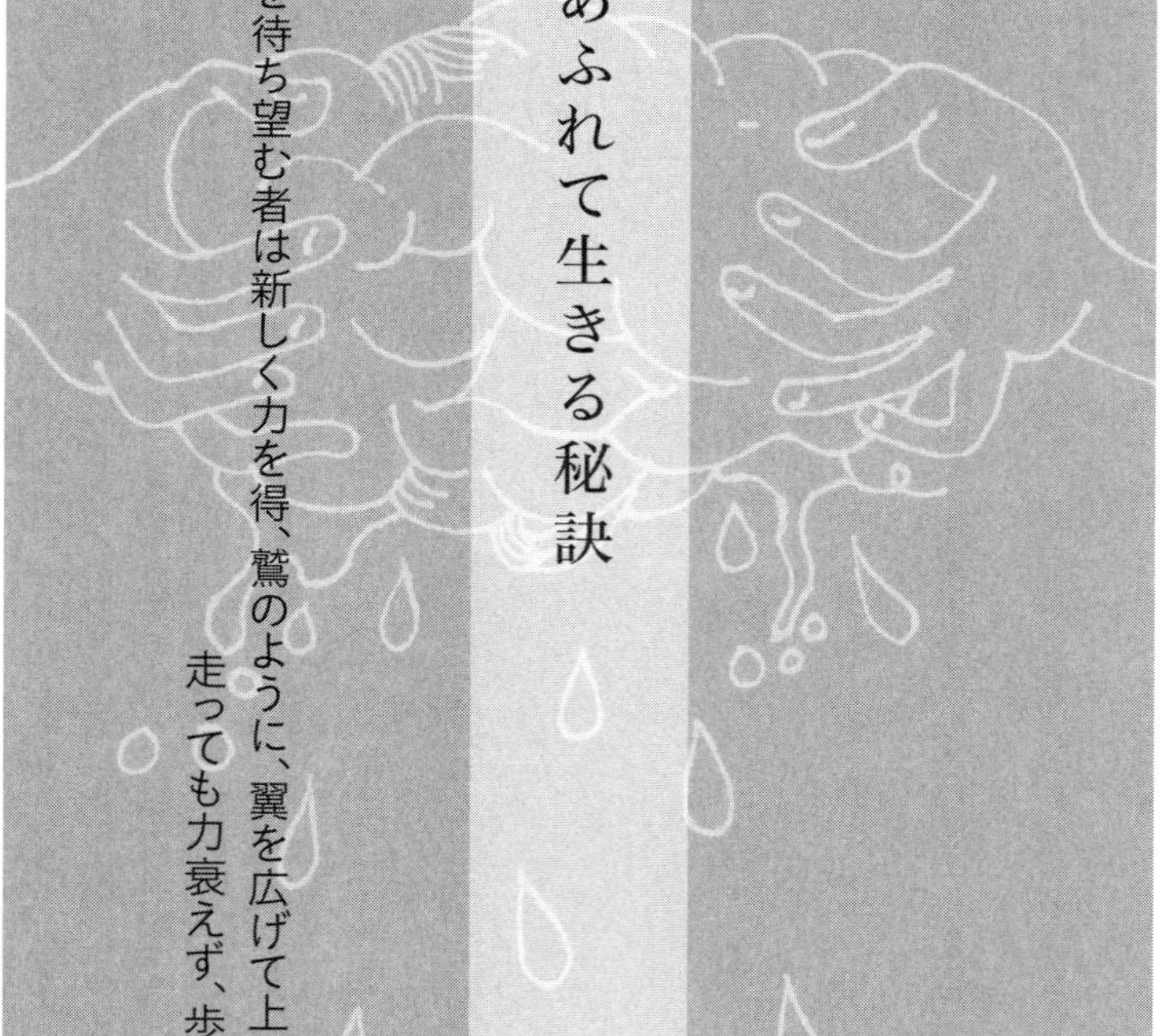

「主を待ち望む者は新しく力を得、鷲のように、翼を広げて上ることができる。
走っても力衰えず、歩いても疲れない」

私たちは人生の中で、失敗したり、病に冒されたりすることから逃れることはできません。

私自身も、中学二年の時に、父が医療事故で亡くなり、その後は受験には失敗するは、体は壊すはで、つらい思いをしたことがありました。私の事務所に相談にいらっしゃる方々の中にも、事業が立ち行かなくなったとか、夫に別の女性ができて離婚を突きつけられたとか、さまざまな相談が持ちかけられてきます。

そうなると、どうしても私たちは、人生を悲観的に捉えて、心配と不安にさいなまれたりしがちです。

しかし、病気や不幸に見舞われたとき、それを心配し悲観することは、はたして正しい対応なのでしょうか？　心配し悲観しているとき、心が明るく感じ、うきうきするという人など一人もいません。もし、心配し悲観することが正しい対応なのだとしたら、人間というものはなんとも惨めでむなしい生き物ではないでしょうか。

もしそれが正しいというのなら、心配し悲観すれば、病気は早く治り、不幸が幸福に転じていくはずですが、現実はそうはなっていかないのです。むしろ、心配や悲観というマイナス面に心がフォーカスしていると、心配、悲観している対象にエネルギーを与えてしまって、さらにマイナス方向に現実化していってしまう傾向にあるように思います。

私たちはこの世に、心配し、悲観し、暗く生きるために生まれてきたのではありません。何か事が起こるたびに心配し悲観するというのは、とんでもない対応違いです。さらにいえば、それは必ず改めねばならない「悪癖」であり「悪習慣」なのです。

聖書は、**「神は人をご自身のかたちとして創造された」**（創世記一章二七節）、**「あなたは　人を御使いより　わずかに欠けがあるものとし　これに栄光と誉れの冠をかぶらせてくださいました」**（詩篇八篇五節）と教えています。だとすれば、人間が何かあるとすぐ悲観しなければならないような弱い存在であるはずがありません。人生の中で、悲観し心配することに、何らの意味もありません。病に冒されたり、不幸に見舞われたりしたときは、心の中に「勇気」を奮い立たせ、いのちの力を強くすることこそが正しい対応なのです。

ではどうすれば、そのようなときに勇気を奮い立たせることができるのでしょうか?

§

旧約聖書の士師記の中にギデオンという人物が登場します。ギデオンも初めは悲観論者でした。

ギデオンが残虐なミディアン人から逃れていた時、神の使いが現れ、「勇士よ、主があなたといっしょにおられる」と呼びかけます。そして、ギデオンは、イスラエルの民をミディアン人から救うことを命ぜられました。しかし、ギデオンは、「ああ、主よ。私にどのようにしてイスラエルを救うことができましょう。ご存じのように、私の分団はマナセのうちで最も弱く、私は父の家で一番若いのです」と、自分のような弱々しい人間には不可能だと答えます。

しかしその後、ギデオンは、神の使いが示したしるしを見て強められ、勇気を奮い立たせます。ギデオンのもとには、三万二千人の兵が集まっていましたが、ギデオンは、神の命令に従って精鋭だけに絞り込み、なんとたった三百人の兵のみで、十万人ともいわれるミディアン兵を打ち破り、大勝利を収めたのです（士師記六〜七章）。

神は、私たちのことも、ギデオンに対するのと同じように見ています。私たちが自分には無理だ、できないと思っていても、神は私たちが勝利を確信し、勇気をもって立ち向かうことを望んでいるのです。

聖書は、**「強くあれ。雄々しくあれ。恐れてはならない。おののいてはならない。あなたが行くところどこででも、あなたの神、主があなたとともにおられるのだから」（ヨシュア記一章九節）**と教え、**「あなたは知らないのか。聞いたことがないのか。主は永遠の神、地の果てまで創造した方。疲れることなく、弱ることなく、その英知は測り知れない。疲れた者には力を与え、精力のない者には勢いを与えられる。若者も疲れて力尽き、若い男たちも、つまずき倒れる。しかし、主を待ち望む者は新しく力を得、鷲のように、翼を広げて上ることができる。走っても力衰えず、歩いても疲れない」（イザヤ書四〇章二八〜三一節）**と教えています。

私たちの日常は、至るところに困難があり、これからも思い悩むこと、打ちひしがれることもたくさんあるでしょう。しかし、創造主である神が共にいるとするなら、恐れるものなどありません。神が私たちに大いなる力を注いでいるのです。自分には無理だとか、だめだとかいって内に引きこもるのではなく、顔を上げて胸を張り、深く呼吸をして、神の大いなる力を信じて、困難に勇気りんりん立ち向かい、人生に勝利していきたいものだと思います。

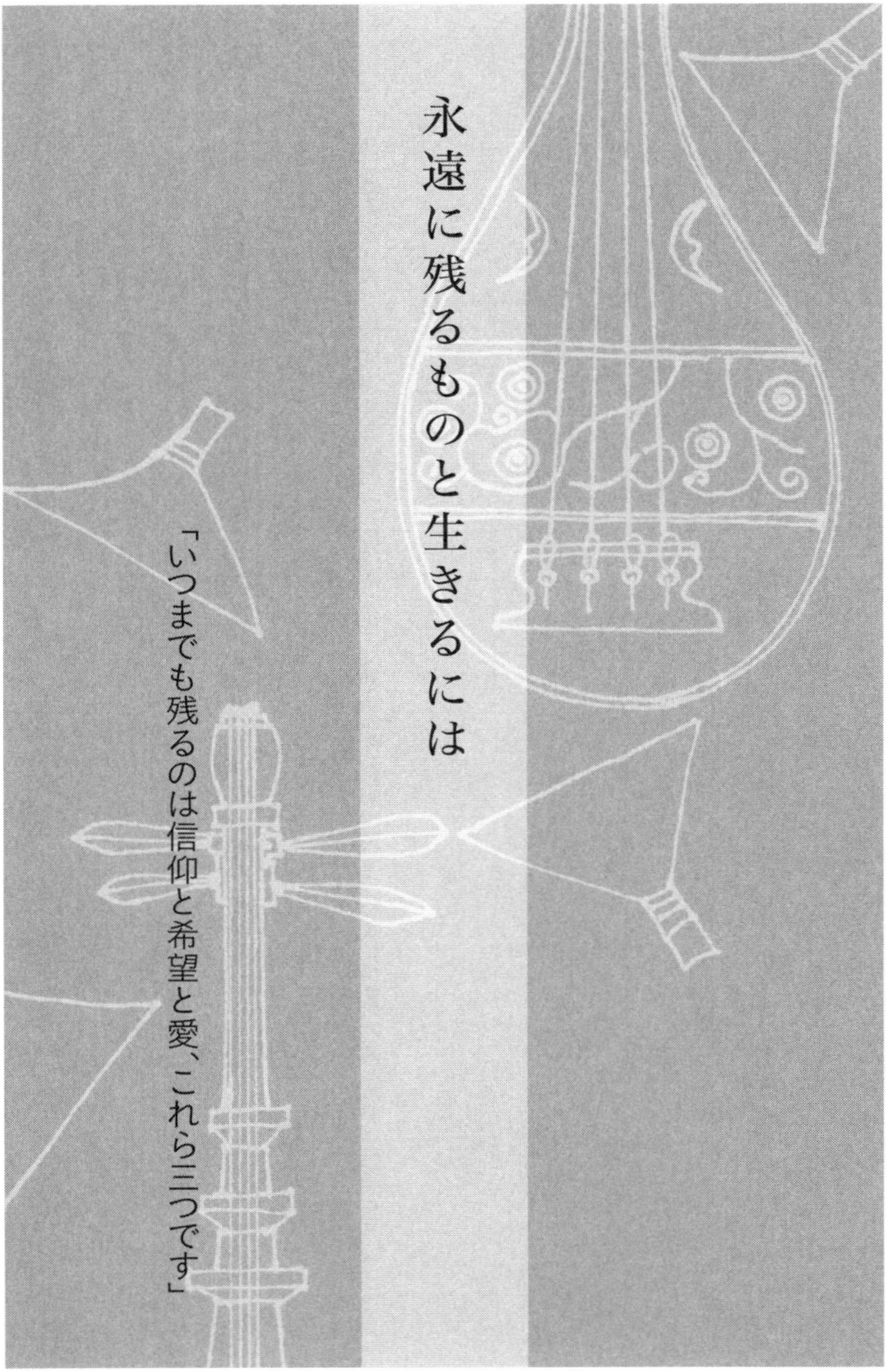

永遠に残るものと生きるには

「いつまでも残るのは信仰と希望と愛、これら三つです」

「祇園精舎《ぎおんしょうじゃ》の鐘の声　諸行《しょぎょう》無常の響きあり　沙羅双樹《さらそうじゅ》の花の色　盛者必衰《じょうしゃひっすい》の理《ことわり》をあらわす　驕《おご》れる人も久しからず　ただ春の世の夢のごとし……」

これは有名な『平家物記』の冒頭で語られていることばです。平家は、「平家にあらずんば人にあらず」と言われるほどの栄華を誇った時期がありました。しかし、それは長くは続かず、ついに壇ノ浦の戦いで滅亡してしまいました。

またローマ帝国も、「すべての道はローマに通ず」とまで言われて覇権をほしいままにしていましたが、今ではそのごく一部を遺跡として見ることができるだけです。

企業にしても、かつては時流に乗って躍進し、マスコミをにぎわせていた会社が突如、破産手続きに入ったことを知らされて驚かされるというようなことがあります。

人間にしても、少し前まで羽振りが良くて大盤振る舞いしていた会社社長が、身体を壊して、まもなく会社も右肩下がりになってしまったなどということもありました。

国であれ企業であれ人であれ、今どんなに繁栄していようとも、必ず滅びるときがあり、権力でも名誉でも金銭でも、この世に存在するすべてのものは、必ず消滅し廃れていきます。ですから、これらを獲得するためだけに努力しても、それは必ずむなしい結果に行き着くのです。かりに生きている間は、運良くそれを持ち続けることができたとしても、死ぬと同時にすべてを手放すことになります。聖書が、**「私たちは、何もこの世に持って来なかったし、また、何かを持って出ることもできません」（テモテへの手紙第一　六章七節）**と教えているとおりです。

よく「命を賭けて頑張ります」などといいますが、命を賭ける目的が、権力の掌握、お金を儲けること、名誉や地位の獲得のためだけであったら、それは自分を必ず負けるばくちに賭けていることになります。間違いなく、風車に闘いを挑んだドン・キホーテを笑えない結末を迎えるのです。

それでは、私たちはいつかはなくなるむなしいものではなく、いつまでも永遠に残るものと共に生きることはできないのでしょうか？

できます。

聖書は力強く語っています。コリント人への手紙第一の十三章～十四章において、**「こういうわけで、いつまでも残るのは信仰と希望と愛、これら三つです。その中で一番すぐれているのは愛です。愛を追い求めなさい」（一三章一三～一四章一節）**と、愛こそは天においていつまでも永遠に残るということを教えてくれているのです。

そして、その愛について、**「愛は寛容であり、愛は親切です。また人をねたみません。愛は自慢せず、高慢になりません。礼儀に反することをせず、自分の利益を求めず、苛立《いらだ》たず、人がした悪を心に留めず、不正を喜ばずに、真理を喜びます。すべてを耐え、すべてを信じ、すべてを望み、すべてを忍びます。愛は決して絶えることがありません」（同一三章四～八節）**と記しているのです。

ですから、私たちは、第一にお金や名誉を追い求めるのではなく、何をするにおいてもまず第一に愛を追い求め、愛をもって生きなければならないと教えられます。

§

ここまで考えてきますと、世の中の基準では、お金持ちになることや、スポーツや音楽などで優秀な成績を収めることが素晴らしいことと評価されますが、決してそうではないということに気づきます。

神は、大きな事業や仕事をしているかとか、優秀な成績を残したかということにはまったく興味はなく、その人が愛をもって生きているかだけを見ているのだと思うのです。

マザー・テレサは、講演の席で聴衆から、世界平和のために自分が何をしたらよいかと問われた際に、「世界平和のためにできることですか？　家に帰って家族を愛してあげてください」と答えたそうです。

私の祖母は、大学も出ておらず、仕事をしたこともない専業主婦一筋の人で、決して高ぶることなく、むしろ家族や孫たち、人々を愛し、励まし、祈り続けた人でした。私が司法試験に落ち続けていた時も祖母は手紙を送ってくれて、**「詮方《せんかた》尽きれども望みを失わず」（コリント人への手紙第二　四章八節）**という文語の聖書のことばを贈って励ましてくれたのを忘れることができません。神は祖母のような行いを喜ばれるのだと思います。

マザー・テレサはこうも言っています。「私たちは、大きいことはできません。小さなことを大きな愛をもって行うだけです」。

私は自らを振り返って、ついついこの世の基準で判断してしまうことを反省させられます。マザー・テレサが言うように、小さなことを大きな愛をもって行うことができる人として生きていけるように努力したいと、心から思っています。

与えられているものにフォーカスして生きる

「私たちは、何もこの世に持って来なかったし、
また、何かを持って出ることもできません」

二〇一三年はいくつもの流行語大賞が生まれた年でした。そのうちの一つ、受験予備校のCMで有名になった「いつやるの？」「今でしょ！」というフレーズをご記憶の方も多いと思います。確かに、大学受験生に勉強をいつやるか、と質問するなら、その答えは「今でしょ！」以外にはあり得ません。当たり前すぎて痛快です。

では、一歩進めて、「なぜやるの？」と質問されたらどう答えるでしょうか？　中には、良い大学に行けば、給料の高い会社に行くことができ、そうすれば世の中の「勝ち組」になることができる、つまりより豊かで安定した生活を送ることができる、だから今こうして頑張って勉強するんだと答える生徒もいることでしょう。濃淡こそあれ、そう考えている人がけっこう多いのではないかと思います。

このような考え方は現代の日本のあり方を象徴しています。日本はいわゆるバブルが崩壊した後、経済は悪化の一途を辿《たど》り、現在の日本の借金（国と地方自治体の合算）は一千兆円を超え、財政破綻寸前といわれています。この負債を国民一人あたりの借金に換算すれば、なんと一人約八百万円で、正に危機的状況にあります。

こうした状況の下、マスコミの記事の中には、経済的に富んでいて成功していれば「勝ち組」、そうでなければ「負け組」と評価するものが現れ、社会全体もそういう価値基準で判断しようとしています。企業であれば熾烈《しれつ》な競争に勝ち抜いて、多くの利益を上げたほうが勝ち組、家庭であれば安定的で収入の多い仕事に就いて、裕福に暮らしたほうが勝ち組とされ、そうでない企業や家庭は負け組とされているのです。企業も個人も、自分こそは勝ち組たらんとして、もっと豊かになろう、もっと獲得しようと必死になっているように思えます。

しかし聖書はこのように言っています。**「金持ちになりたがる人たちは、誘惑と罠と、また人を滅びと破滅に沈める、愚かで有害な多くの欲望に陥ります。金銭を愛することが、あらゆる悪の根だからです」（テモテへの手紙第一 六章九、一〇節）**

§

私が法律顧問をしている会社で、経理担当者が長年にわたって不正を働いて会社の資金を横領し、懲戒解雇されたという事案がありました。この従業員はかなりの給料を得ていたのですが、「それでは足りない、自分の生活がこんな程度では納得できない」という気持ちから犯罪に走ってしまったのでした。

国連は毎年「国際幸福デー」(三月二十日)に、「国別幸福度ランキング」を発表しています。これは富裕度、健康度、人生の進路の自由度などを総合したもので、二〇一七年の報告によるとGDP世界一のアメリカは十四位、二位の中国が七十九位、三位の日本は五十一位で、GDPが高い国が幸福度も高いわけではないことがわかります。世界から見れば十分裕福でも、人はそれで幸福を感ずるわけではないということを表しています。

聖書は、**「しかし、満ち足りる心を伴う敬虔こそが、大きな利益を得る道です。私たちは、何もこの世に持って来なかったし、また、何かを持って出ることもできません。衣食があれば、それで満足すべきです」(テモテへの手紙第一 六章六〜八節)**と言っています。

このことばは、衣食があればそれで満足すべきであり、それ以外の「自分にないもの」に心をフォーカスしてはならないと教えているのだと思います。自分が持っていないものに心がフォーカスされると、持っていないことで不安になり、それを獲得しなければならないという焦燥感で満ちてきます。いつまでたっても満足することはできません。

しかし、衣食があることで満足し、自分に「ないもの」に心をフォーカスしなければ、後にはすでに自分に「与えられているもの」だけが残っていることになります。ここに心をフォーカスさせてみるとどうなるでしょう？

地球と太陽があること、愛する家族がいること、友達がいること、学校で勉強ができること、仕事があること、健康なこと、家があること、電車やバスで移動できること、水道と下水が完備され、電気が家まできていること等々、数えていったらキリがありません。

一つ一つをゆっくり数えていくと、これらのものは神が自分に与えてくれたもので、それが自分にとってどれほど素晴らしいものなのかが感じられて、心の中に大きな感謝と喜びとが湧き上がってきます。今まであって当たり前のことと思っていたことが、実は大きな奇跡だったことに気づかされます。こうした過程を経て心の中は充足と平安とで満たされていきます。

聖書は、**「頼りにならない富にではなく、むしろ、私たちにすべての物を豊かに与えて楽しませてくださる神に望みを置」**くように**（テモテへの手紙第一 六章一七節）**と教えます。

誘惑の多い世の中ですが、私は、神が私たちに与えている一つ一つのものに感謝し、満ち足りる心を伴う敬虔をもって、神に楽しませていただきながら生きていきたい、日々そのように思わされています。

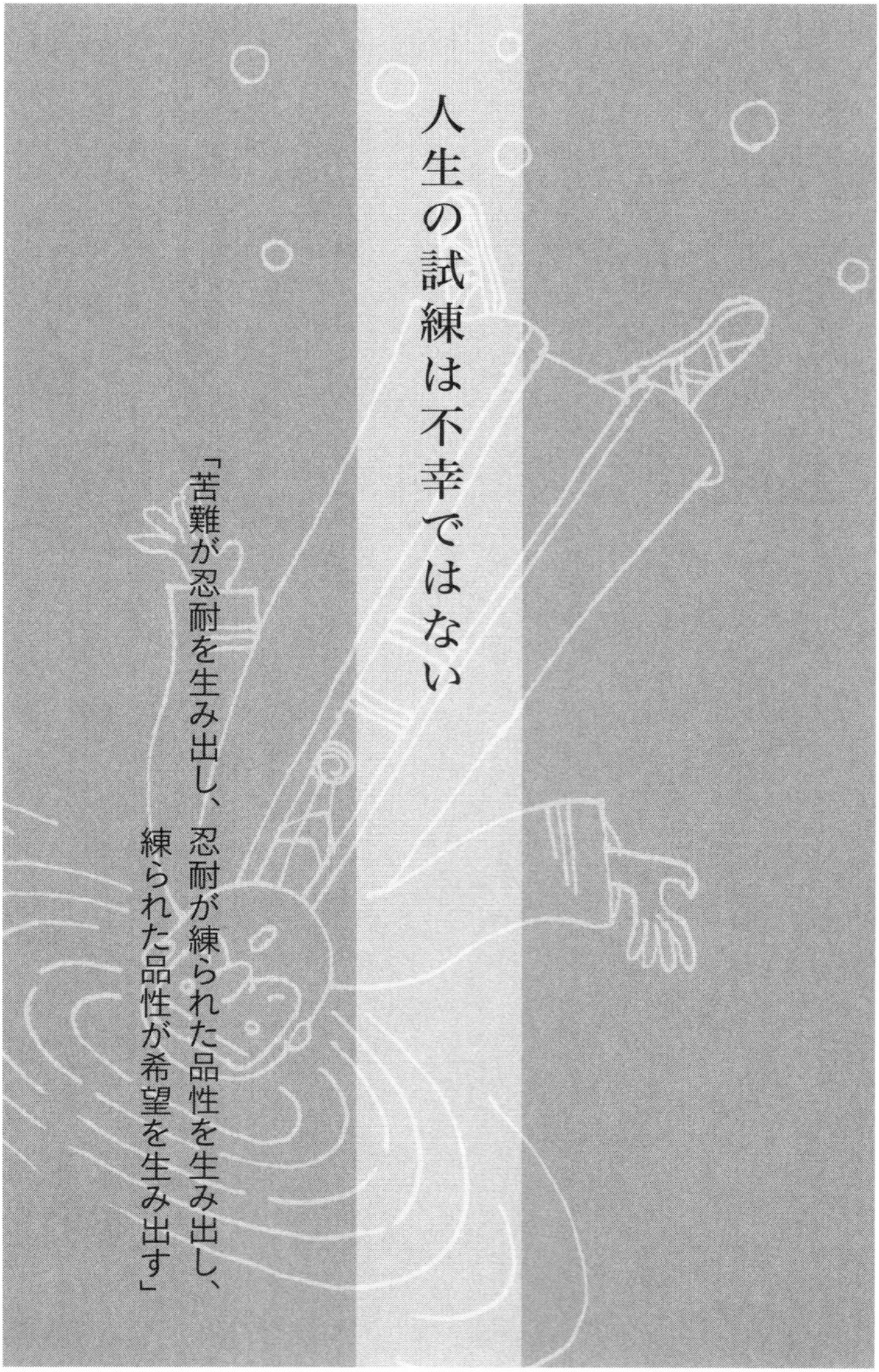

人生の試練は不幸ではない

「苦難が忍耐を生み出し、忍耐が練られた品性を生み出し、練られた品性が希望を生み出す」

人生の途上では誰でもいくつか試練に遭遇します。最愛の家族を失ったり、事業の失敗などで財産を失ったりすることもあるでしょう。また夫婦関係、親子関係や会社の人間関係に悩まされることもあるでしょう。

そのようなとき私たちは、自分の不運や不幸を嘆き悲しむかもしれません。また自分だけがうまくいっていないように思って嫉妬の気持ちが湧き起こってきたり、自己の正当性を認めさせようと相手と争いに発展することもあるかもしれません。私たちは、人生の中で試練に遭遇したとき、いったいどのように対処したら良いのでしょうか?

旧約聖書の中にヨブという、たいへんな試練に遭った人物が登場します。ヨブは、とてもまじめで信仰深い人でした。また大富豪でもありました。しかし、ある時立て続けに大きな不幸に見舞われます。まずヨブは、盗賊に大切な羊やらくだを奪われ、家も焼かれて財産をすべて失います。ヨブには十人の子どもがいましたが、災害に遭い愛する子どもたちも失ってしまいます。それだけではありません。足の裏から頭の頂まで悪性の腫物ができて苦しめられ、健康まで失いました。自分を支えてくれるはずの妻はヨブの病を嫌い、その支援もなくなりました。ヨブにさらなる追い打ちをかけたのは、はじめは同情して遠くからヨブを慰めに来た友人たちでした。

友人たちは、度重なる不幸と災難の原因は、ヨブに罪があるからだと言って迫ったのです。ヨブは、自分には罪がないと言って自己弁護をします。彼は、財産や家を失った時でも、「主は与え、主は取られる。主の御名《みな》はほむべきかな」と言っているくらいとても信仰深くりっぱな人でした。それだけに、彼は自分の清廉潔白を主張したかったのでしょう。しかし、その自信が逆に「自分は正しい」という強い自我を心に宿してしまいました。このヨブと友人たちの論争はヨブ記の大半を占めていますから、この人間関係の苦悩は、ヨブにとってどうしても譲ることのできない最大の試練だったものと思います。

友人との論争は、論争を聞いていた若者エリフによって大きな転換点を迎えます。エリフは、ヨブが神よりもむしろ自分自身を義としたことに怒りを燃やし、ヨブに対し、神は人を訓練することができる崇高な存在であり、人は神のことを完全には理解できないのだから、降りかかった苦難の前で自分の義を主張するのでなく、力と公正と正義の神を恐れるべきだと言いました。エリフに続いて、神からも語りかけられたヨブは、神の思いに触れて打ち砕かれます。ヨブの自己主張は消え、自分の無知、無能を神に告白して、静かに神に聴く心をもちました。こうして平安と祝福がヨブの心を支配するようになったのです。ヨブがかたくなな自我から解放されて、友人たちのために祈る心をもったとき、神はヨブを苦難から解放して、すべての祝福を倍にして返しました。

ヨブが遭った災難は想像を絶するものでしたが、その一連の試練は、ヨブが変えられ、平和と平安を得ていくために必要な過程だったのです。

§

私たちは誰でも、できれば試練には遭いたくないと思っているでしょう。しかし、神は、愛するからこそ、私たちを成長させるために必要な訓練を与えます。

新約聖書はこのように教えています。「『**わが子よ、主の訓練を軽んじてはならない。主に叱られて気落ちしてはならない。主はその愛する者を訓練し、受け入れるすべての子に、むちを加えられるのだから。』訓練として耐え忍びなさい。……霊の父は私たちの益のために、私たちをご自分の聖さにあずからせようとして訓練されるのです。すべての訓練は、そのときは喜ばしいものではなく、かえって苦しく思われるものですが、後になると、これによって鍛えられた人々に、義という平安の実を結ばせます**」（ヘブル人への手紙一二章五～七、一〇、一一節）

ですから、私たちは、試練が与えられたときは、それを不幸だと嘆くのではなく、また他人を嫉妬したり、相手を攻撃して争ってはいけないのだと思います。むしろ、それは訓練の場であると悟って、それが与えられたことに感謝し、それを通して何に気づき、何を学ぶべきかを悟ることが大切なのではないでしょうか。

聖書はこうも言っています。

「**それだけではなく、苦難さえも喜んでいます。それは、苦難が忍耐を生み出し、忍耐が練られた品性を生み出し、練られた品性が希望を生み出すと、私たちは知っ**

ているからです。この希望は失望に終わることがありません」（ローマ人への手紙五章三〜五節）

「夕暮れには涙が宿っても　朝明けには喜びの叫びがある」（詩篇三〇篇五節）

私たちは今日もつらいことや苦しいことがあるかもしれません。しかしそれに耐え忍んでいけば、必ず希望が生み出されるのだと信じ、その患難を喜び、むしろ感謝して、勇敢に日々を生き抜いていきたいものだと思います。

過去の後悔と未来の不安が今の平安を奪い去る!?

「何も思い煩わないで、あらゆる場合に、感謝をもってささげる祈りと
願いによって、あなたがたの願い事を神に知っていただきなさい」

一昔前に「バック・トゥ・ザ・フューチャー」という映画がありました。青年とおちゃめな科学者が車をタイムマシンに改造し、過去と現在と未来を行き来して、自分や家族の人生を変えていくというストーリーでした。私はこの映画を観て、将来に不安があれば、タイムマシンで未来をチェックしてから今やることを決めれば良いし、自分が過去に間違いを犯しても、タイムマシンで過去に行って訂正してくれば良いので便利なものだと思ったものでした。

しかし、当然ですが現実にはタイムマシンなど存在しません。私たちは、未来を変えることも、過去を変えることもできず、「今を生きる」しかないのです。こうして私たちは、変えることができない未来と過去の間に存在する「今」に一人ぼっちで放り出されます。そして、未来への不安と過去の後悔が「今を生きる」ことに立ち塞がって平安を奪い去ろうとします。

§

まず未来への不安は、私たちが今を平安の中に生きることを阻みます。今後の生活は大丈夫か、健康状態はどうか、子どもの教育は、会社の経営は、相続問題は……、悩み出したらキリがありません。

私の依頼者の中に、結婚して間もない男性がいましたが、妻のことを愛するあまり、妻が自分から去っていってしまうのではないかと思い煩って、妻に凄惨なDVを行ってしまった人がいました。知人の中には、自分は母親失格で子どもをしっかり育てられないと思い悩み、子どもと心中してしまった人もいます。私たちは、それほど強い力をもつ「未来への不安」から解放されるにはどうしたらよいのでしょうか？

あるカウンセラーは、自分が将来の不安として心に抱いている事柄そのものは、現時点ではいまだ発生しておらず、自分の内面に存在する不安思考が自分を苦しめているだけであり、そこに気づいてプラス発想すれば不安は除去されると教えます。もちろんそう努力することは大切です。

しかし、問題はそう簡単ではありません。人は、自分の将来がどうなるかわからず、人生をコントロールできないから悩んでいるのであって、自らの力だけで思考をコントロールして平安をもたらすことはできないからです。このような考え方は、コントロール不能の暴走する車に乗せられて、現在はどこにも衝突しておらず問題ないのだから安心していろ、とアドバイスしているのと同じです。バスの運転手が、バスを正しくコントロールして初めて乗客は安心して乗車できるのと同様に、人生もその行く先に向かって正しく導かれているという確信があって初めて平安が訪れます。未来をコントロールできない人間だけの力で平安を得るには限界があります。

未来に守り導く力をもっているのが、万物の創造主である神です。神は**「恐れるな。わたしはあなたとともにいる。たじろぐな。わたしがあなたの神だから。わたしはあなたを強くし、あなたを助け、わたしの義の右の手で、あなたを守る」(イザヤ書四一章一〇節)**と約束しています。万能の力をもつ創造主が、私たちをしっかりと守り導いていると信じるなら、不安から解放されます。それ以外に自らの力だけで平安を得る道は決してないのです。

§

次に、過去の後悔も私たちが今を平安の中に生きることを阻んできます。過去の後悔の中でも最大のものは「罪」であると聖書は言っています。聖書の言う「罪」とは、「神中心」ではなく「自己中心」に生きることすべてを指します。自己中心から人を傷つけてトラブルになったり、人からの信頼を失ったりして失敗し、後悔することは誰にでもあります。過去の後悔が、いまだ発生していない未来の問題と異なるのは、自らが罪を犯したという事実を現に発生させてしまっている点です。罪を犯した事実が、今に至るまで因果の連鎖として繋がっているのです。罪の思い煩いを消し去るには、過去に遡《さかのぼ》って罪を行った事実を無くすか、因果の連鎖を断ち切るしかありません。しかし、私たち人間がそれを行うことはできません。ですから人間の力だけでこの思い煩いから解放されることは絶対にできないのです。

それができるのは私たちを赦《ゆる》す力をもつ神だけです。聖書が**「もし私たちが自分の罪を告白するなら、神は真実で正しい方ですから、その罪を赦し、私たちをすべ**

ての不義からきよめてくださいます」（ヨハネの手紙第一 一章九節）と教えるとおり、自分の罪を神に告白し赦される以外には過去の罪による後悔から解放される術はなく、そうすることにより初めて平安が得られるのです。

§

こうして、未来への不安は神の導きを受けることにより、過去の後悔は神に赦されることにより、はじめて現在に平安がもたらされます。聖書は**「何も思い煩わないで、あらゆる場合に、感謝をもってささげる祈りと願いによって、あなたがたの願い事を神に知っていただきなさい。そうすれば、すべての理解を超えた神の平安が、あなたがたの心と思いをキリスト・イエスにあって守ってくれます」（ピリピ人への手紙四章六、七節）**と語りかけます。

神から未来への導きと過去の罪の赦しを得て、何も思い煩うことなく平安の中に今を生きていきたいと心から願います。

揺らぐことのない力強い自信をもつには

「あなたがたが祈り求めるものは何でも、すでに得たと信じなさい」

ディズニーランドの設立者で、私たちにたくさんの夢を与えてくれたウォルト・ディズニーは、夢を叶える秘訣は、四つの「C」に要約されると言っています。それは好奇心（Curiosity）、自信（Confidence）、勇気（Courage）、継続（Constancy）です。そして、その中で最も大切なものは「自信」だといいます。

確かに、どんなに好奇心や勇気をもって継続して取り組んでも、心の中に「自分はできる」という自信がなかったら、夢を叶えることはできないでしょう。

しかし、自分に自信をもつということは、正に「言うは易く行うは難し」。壁が高すぎて、つい「自分にはできない」、「限界だ」、「無理だ」と思ってしまい、目的を実現することができないということが多いのです。

私の場合も、司法試験の勉強をしている時は、なかなか自分に自信がもてませんでした。学生時代の成績は真ん中くらいでしたから、数多くの秀才たちが受験し、その中の二パーセント強しか合格できない超難関を自分が突破できるとはなかなか思えなかったのです。今思うと、自分に自信をもてなかったことが、かえって合格するまでの時間を長引かせてしまったと反省しています。

また、私は弁護士になってから、ある中小企業経営者から新規事業への投資についてご相談を受けたことがあります。とても能力のある方でしたが、自分ではその事業を成功させる力がないのではないかと自らを疑って、銀行借り入れを迷っている間にライバル企業に先を越され、結局、新規事業を断念せざるを得なくなってしまいました。あの時、この経営者にあと少し自信があったら別の展開になっていたのではないかと今でも残念に思っています。

それでは、私たちはどうすれば自分の心に揺るぎのない力強い「自信」をもたせることができるのでしょうか？

§

一介の羊飼いに過ぎなかった少年ダビデが、自分より何倍も大きいゴリヤテと対《たい》峙《じ》した際にとった態度を見てみましょう。ゴリヤテが、幼く小さいダビデを見て笑い出し、嘲るのに対して、少年ダビデは、**「おまえは、剣と槍《やり》と投げ槍を持って私**

に向かって来るが、私は、……万軍の主の御名によって、おまえに立ち向かう」（サムエル記第一 一七章四五節）と自信に満ちて言い放ち、石投げで石ころ一つをゴリヤテの額に打ち込み、一撃で倒してしまいました。ダビデは、目の前の障害に決しておじけづくことはなく、自分にはできないとはみじんも思いませんでした。むしろ、神の力の大きさにだけ目を向け、神が必ず自分を守ってくれるという信仰が、ダビデに自信を与え、勝利をもたらしたのです。

聖書は、**「主はあなたを守る方。主はあなたの右手をおおう陰。昼も 日があなたを打つことはなく 夜も 月があなたを打つことはない。主は すべてのわざわいからあなたを守り あなたのたましいを守られる。主はあなたを 行くにも帰るにも 今よりとこしえまでも守られる」（詩篇一二一篇五～八節）**と語ります。

人間は、それだけを見ればとても弱い存在です。将来がどうなるかもわかりません。ですから、私たちは絶対の自信をもつことなどできないのです。しかし、万能の力をもつ神がおられます。その神が私たちを守ると約束しているのです。神を信じ、神が私たちを守っていると信じたときに、初めて私たちは自信をもって生きることができるのだと思います。

そして、イエスはこう言っています。**「神を信じなさい。……この山に向かい、『立ち上がって、海に入れ』と言い、心の中で疑わずに、自分の言ったとおりになると信じる者には、そのとおりになります。……あなたがたが祈り求めるものは何でも、すでに得たと信じなさい。そうすれば、そのとおりになります」（マルコの福音書一一章二二〜二四節）**

なんという力強く勇気の出ることばでしょうか！　神を信じて、普通なら不可能とも思えることであっても、神が自分の願いを実現してくださると心の中で疑わず、自分の言ったとおりになると確信するなら、そのとおりになるというのです。そして、祈って求めるものは何でも、そこに疑いを差し挟むことなく、すでに神が与えてくれたと信じよ、そうすればそのとおりになるというのです。ここでのポイントはすでに実現したと信じることです。神を信じ、祈ることによってこそ、私たちは、心の奥底から本物の自信を湧き上がらせることができるのだと教えられます。

私たちは、毎日を生きていれば苦難に遭遇することもあります。思ったようにいかないこともあります。しかし、どのようなことがあろうと、神にいつも見守られ、励まされていること、また、神によって私たちの願いは聞かれ、希望は実現されることを信じ、心の中に大きな自信をもって、毎日を力強く歩み続けたいものだと思います。

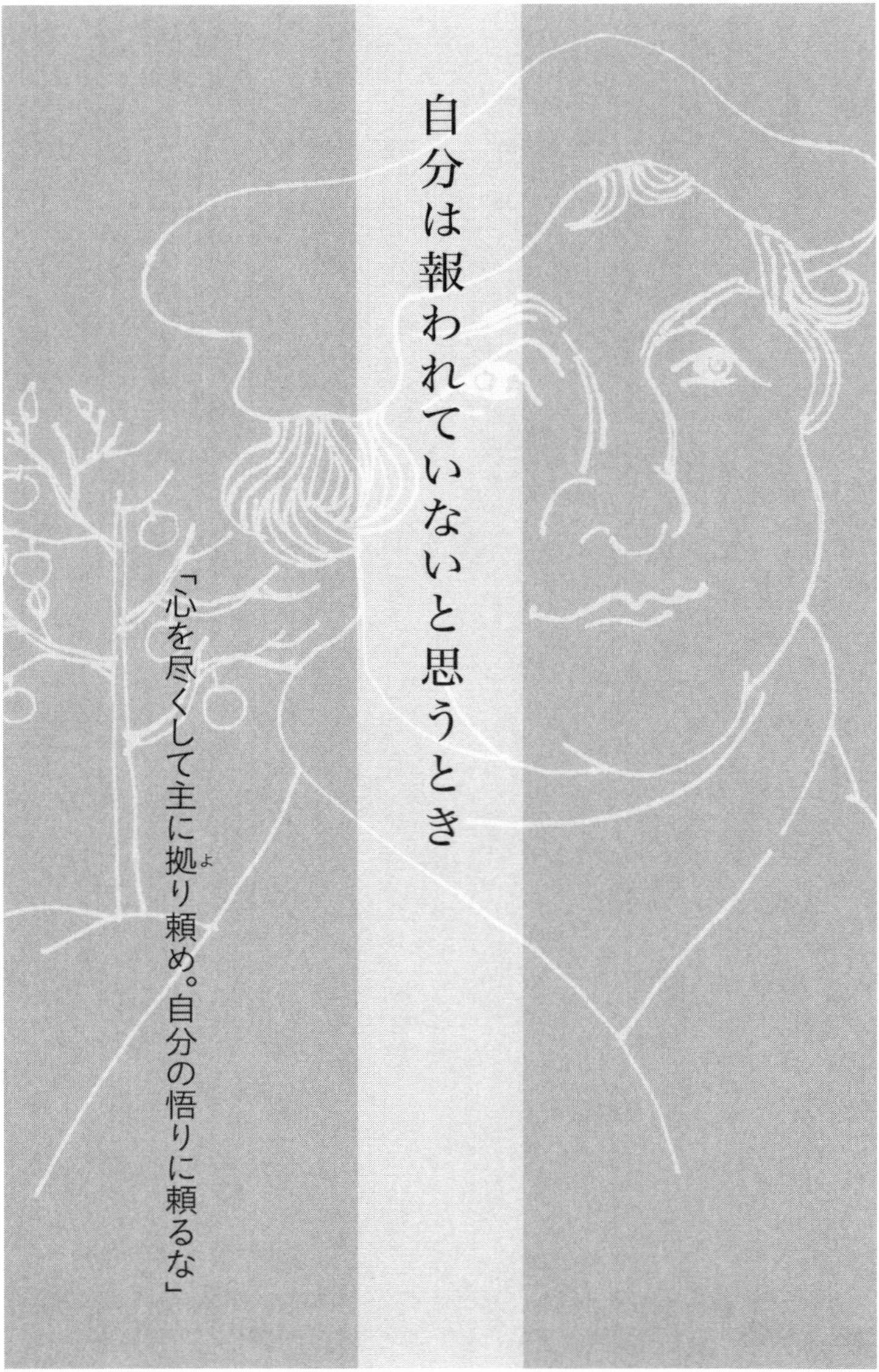

自分は報われていないと思うとき

「心を尽くして主に拠《よ》り頼め。自分の悟りに頼るな」

人はこの世で生きていると、なぜ、自分は報われないのだろう、何でこうも失敗続きなんだろうという思いにとらわれることがあります。

会社で必死に努力しているのに上司から認められず、なかなか昇進できないとか、家庭の主婦が、家族のために毎日一生懸命に尽くしているのにまったく感謝もされないとか、会社の社長が社会のためになると思って私財を投げ打って事業を行ったのに失敗してしまったなど、さまざまあるでしょう。そんなときは「神も仏もあるものか。いるとしても、自分は神から見放されているんじゃなかろうか？」と思いたくなるかもしれません。祈っても祈っても、無駄なように思えることがあるのはどうしてなのでしょうか？

その理由の一つとして、自分の願いが、神の思いと違う方向を目指してしまっていることにあると思います。礼拝の説教で、私は牧師から「人々はよく『商売繁盛・家内安全・無病息災』を願って家に御札を貼ったりしていますが、私たちの神は、それらを願えばガラガラポンと実現してくれるような便利な神ではありません。むしろこの世には苦難があって、私たちがその苦難を通してきよめられていくことを求める神です」と教えられています。「商売繁盛・家内安全・無病息災」を第一義として求める生き方は、自分の考えが正しいことを前提とし、神に自分の考えを実現するよう要求する生き方です。

しかし、聖書はそうは教えていないのです。むしろ、**「心を尽くして主に拠り頼め。自分の悟りに頼るな。あなたの行く道すべてにおいて、主を知れ。主があなたの進む道をまっすぐにされる。自分を知恵のある者と考えるな。主を恐れ、悪から遠ざかれ。それは、あなたのからだに癒やしとなり、あなたの骨に潤いとなる。あなたの財産で主をあがめよ。あなたのすべての収穫の初物で。そうすれば、あなたの倉は豊かさで満たされ、あなたの石がめは新しいぶどう酒であふれる」（箴言三章五～一〇節）**と教えています。神は、自分の悟りや自分の知恵が正しいと判断して行動するのではなく、まず第一に神に拠り頼み、神を恐れ、悪から離れることを求めています。そうすれば、神は私たちの道をまっすぐにし、健康や繁栄が与えられると教えています。

さらに聖書は、戒めとして**「肉のわざは明らかです。すなわち、淫《みだ》らな行い、汚**

れ、好色、偶像礼拝、魔術、敵意、争い、そねみ、憤り、党派心、分裂、分派、ねたみ、泥酔、遊興、そういった類のものです。……このようなことをしている者たちは神の国を相続できません」と警告し、**「しかし、御霊《みたま》の実は、愛、喜び、平安、寛容、親切、善意、誠実、柔和、自制です」（ガラテヤ五章一九～二三節）**と勧めています。

神によって道を「まっすぐに」していただく、そんな人生はどれほど爽快で、豊かなものでしょう。

§

宗教改革者であるマルティン・ルターは、「たとえ明日、世界が滅びようとも、今日、私はリンゴの木を植える」ということばを残しています。今日、リンゴを植えたとしても、明日、世界が滅びてしまうのなら、その実を食べることもできません。なぜ、ルターはそれでも今日、リンゴの木を植えると言うのでしょうか。「商売繁盛・家内安全・無病息災」を第一義とする人たちも、さすがに明日世界が滅びるとなったら、これらのことはもはや意味がないことに気づき、生きる価値を見失って右往左往することでしょう。しかし、ルターは明日が世界滅亡の日と知りつつ、今日、静かにリンゴの木を植えています。その後ろ姿に、神に導かれて謙虚に生きている勝利の姿を見る思いがしないでしょうか。肉体の命を失う明日までは精いっぱいこの世で生き、明後日は新しいいのちを得て神のもとに行けるのだという希望と喜びが感じられます。

人生の中では、商売がうまくいかず、家庭が円満とならず、病気が治らないことはあるのです。しかし、「商売繁盛・家内安全・無病息災」を第一義とするのではなく、第一に神に拠り頼み、神に導かれて生きることを願って祈るとき、今までうまくいかなかったその状況の中に、徐々に信仰の果実として、愛、喜び、平安、寛容、親切、善意、誠実、柔和、自制が現れていき、遂には勝利の人生へと連なっていくのだと思います。

私は、ルターには遠く及びませんが、人生がうまくいかなくても受け入れて、どんな苦難があっても立ち上がり、仮に明日が世界の滅びの日であっても心静かに、今日リンゴの木を植える、そんな生き方に少しでも近づいていきたいと思います。

忍耐が人を成長させる

「神を愛する人たち、すなわち、神のご計画にしたがって召された
人たちのためには、すべてのことがともに働いて益となる」

前章で、祈っても祈っても願いが聞き入れられないときは、その原因の一つとして、自分の願いが神の思いにかなっていないことがあり得ると書きました。しかし、自分では懸命に生き、神に祈っているのに、事業がうまくいかないとか、試験に合格できないなど、人生が祈った方向に進まないときに、すぐに「あ〜、自分が今取り組んでいることは、神様の考えとは違うんだ。こんなことはやめて、もっと楽なことをして生きていこう」などと考えてしまうことには注意が必要です。

ここで二人の偉大なクリスチャンの人生を紹介しましょう。

一人はアブラハム・リンカーン。彼は、二十二歳で事業に失敗、二十三歳で州議会選挙に落選、二十五歳に再び事業に失敗、二十六歳で恋人を亡くし、二十七歳で神経の病を患い、三十四歳、三十七歳、三十九歳と続けて下院議員選挙に落選、四十六歳で上院議員に落選、四十七歳で副大統領選に破れ、四十九歳の時に上院議員選挙に落選しています。弁護士時代には、不満に思う若い政治家を論難して相手を大憤慨させて決闘を挑まれ、命を失う危機に立たされるということもあったそうです。このようにリンカーンの半生は正に失敗続きでした。しかし、このような失敗に耐え、失敗から学び続けて、ついに五十一歳で第十六代アメリカ合衆国大統領となり、奴隷解放を実現したのです。ケンタッキー州にあるリンカーン記念館には、リンカーンが生涯読み通してボロボロになった聖書があるそうです。リンカーンは失敗しても失敗しても忍耐をもって信仰を貫き通しました。その長い失敗の歴史は、聖書のことばから力を受けて、自らがきよく変えられ、偉業を実現するにふさわしい人物へと変えられていく歴史でもあったのです。

もう一人は、南アフリカ元大統領のネルソン・マンデラ。彼は、若くして反アパルトヘイト（人種隔離政策）運動に身を投じ、一九六四年に国家反逆罪で終身刑の判決を受け、その後二十七年間にも及ぶ獄中生活を強いられましたが、決して諦めず、釈放された後、ついにアパルトヘイト撤廃を実現させました。注目すべきはこの二十七年間にマンデラに起こった出来事です。彼は、投獄された当初こそ憎しみと怒りに満ちていましたが、次第に、差別する側の心に目を向けるようになり、抑圧する側も、自分たちの凝り固まった考えから解放されなければならないと思うようになりました。そして白人が話すアフリカーンス語を学んで、刑務所の刑務官に敬意を示すことで次第にマンデラ自身もまた敬意を示されるようになり、外にいる白人たちとも対話によって解決に導くことができると確信します。そして自分たちが白人たちから差別、迫害されてきた歴史があるにもかかわらず、赦しと融和の精神を選択し、アパルトヘイト撤廃を実現させたのです。二十七年という長い歳月の背後には、聖書のことばや聖霊の導き、祈りがあり、憎悪や敵対から出発して解決を求めるマンデラから、白人を赦し、融和することにより解決しようとするマンデラへと変えられていったのです。

§

この二人の人生から教えられることは、神は私たちが祈ったらすぐにそれを実現させるのではなく、それとは反対に、長きにわたる試練を与え、忍耐を伴う信仰を保ち続けることにより、内面が変えられていくことを求めることがあるということです。

聖書は次のように教えています。

「様々な試練にあうときはいつでも、この上もない喜びと思いなさい。あなたがたが知っているとおり、信仰が試されると忍耐が生まれます。その忍耐を完全に働かせなさい。そうすれば、あなたがたは何一つ欠けたところのない、成熟した、完全な者となります」（ヤコブの手紙一章二～四節）

人生の中には、どんなに一生懸命に祈っても、思いどおりにならないことはたくさんあります。しかし、そのようなときに、すぐに「これは神の思いではないんだ」と勝手に決めつけて諦めてしまってはいけません。聖書は、**「神を愛する人たち、すなわち、神のご計画にしたがって召された人たちのためには、すべてのことがともに働いて益となることを、私たちは知っています」（ローマ人への手紙八章二八節）、「神のなさることは、すべて時にかなって美しい」（伝道者の書三章一一節）**と教えています。人生がうまくいかないときこそ、神は、その試練に耐え忍び、自分の心が変えられていくことを求めているのです。そして、幾多の試練に耐え、祈り、神に聴き従って歩みを続けていれば、神が最もふさわしいと判断したときに、最もふさわしいかたちで人生に現してもらえるのだと思います。

人生には、これからも試練がいくつも与えられると思いますが、神がすべてを益に変えくださると信じて生き抜いていきたいと思っています。

人から見えないこと、小さなことに忠実に生きる

「神は、善であれ悪であれ、あらゆる隠れたことについて、すべてのわざをさばかれる」

私は最近、偉大な経営者の逸話を聞いて教えられたことがありました。今回はそれをご紹介しましょう。

一人は、二〇一一年に亡くなったアップル社創業者のスティーブ・ジョブズです。ジョブズは、技術者たちに、製品の外装など消費者から見える部分だけでなく、内部のマザーボードにまで美しさを要求し、チップや回路をよりシンプルで魅力的な配置にするよう求めたそうです。技術者たちが「マザーボードを見る者など誰もいない」と反論したところ、ジョブズは、「俺が見るのさ！　偉大な大工は、見えなくてもキャビネットの後ろにちゃちな木材を使ったりしない」と言い返したそうです。

いかにもジョブズらしい発言ですが、人から見えない部分についてまで信念に忠実だったことには本当に感心します。

この話を聞いて、私は聖書の**「人に見せるために人前で善行をしないように気をつけなさい。そうでないと、天におられるあなたがたの父から報いを受けられません」（マタイの福音書六章一節）**、**「神は、善であれ悪であれ、あらゆる隠れたことにつ**

いて、すべてのわざをさばかれるからである」（伝道者の書一二章一四節）ということばを思い起こしました。

人間は、自分の善い行いは他人に見られたいと思い、他人から見えないところでは悪い行いをしたり、いい加減な生活を送ったりしがちです。

しかし、あたかもジョブズが隠れたマザーボードを「俺が見るのさ！」と言ったように、神は、たとえ人からは見えなくても、人間の行いのすべてを見ており、すべてをさばくと聖書は言います。

ジョブズの逸話を聞いて、私は改めて、人は、神を恐れ、他人から見えないところで善い行いをし、人からではなく、神からの報いのみを期待して生きなければならないのだということを教えられました。

§

もう一人の経営者は、現在のパナソニック（旧松下電器）を一代で築き上げた松下幸之助です。

彼がまだ最前線で社長をしていた頃、ある工場を回っていると、面白くなさそうに電球を磨いている若い工員を見つけて、「電球を磨くのは面白くないか?」と聞くと、この工員は「はい」と答えたそうです。すると、松下は、「そりゃあんたは電球を磨くってことだけに集中してるからや。でもな、よく考えてみ、あんたが磨いてるこの電球があるから世の中の家族が楽しく過ごすことができるし、子どもたちが本を読むことができるんや。そこを考えたらあんたは電球を磨いているやのうて、人の幸せを磨いとるんや」と言ったそうです。この工員は、松下のことばに感動して一生の仕事の指針にしたそうです。

これに類する話として、ピーター・ドラッガーも三人の石工《いしく》の話を紹介しています。ある人が三人の石工に、「あなたはここで何をしているのか」と尋ねました。すると一人めの石工は「この仕事で暮らしを立てている」と答え、二人めの石工は「最高の石切りの仕事をしている」と答え、三人めは「人々の心のよりどころとなる教会を建てている」と答えたそうです。

私はこれらの逸話を聞いて、**「最も小さなことに忠実な人は、大きなことにも忠実であり、最も小さなことに不忠実な人は、大きなことにも不忠実です」（ルカの福音書一六章一〇節）**ということばを思い起こしました。

私たちは、大きくて目立つ仕事や大事な事には心を配って熱心になっても、小さくて目立たない仕事や、人から見向きもされないような事はやろうとせずに後回しにしてしまいがちです。

しかし、人間の目から見ると大きい仕事と小さい仕事、大事な事と大事ではない事のように区別されても、神はそのように判断しません。どんなに小さいと思える仕事や事柄であっても、私たちがどれだけ忠実であったかということが大切なのだと思いました。

私たちは、神から、生命、肉体、心、仕事、食物、健康、家族、友人、時間、財産などたくさんのものを与えられています。しかしそれらを、どれほど大事に、どれほど価値あるものとして、使っているでしょうか。

自分の人生を振り返って、与えられている一つ一つのことを忘れずに、人から見えないこと、小さなことに忠実に日々を歩んでいかなければと思わされます。

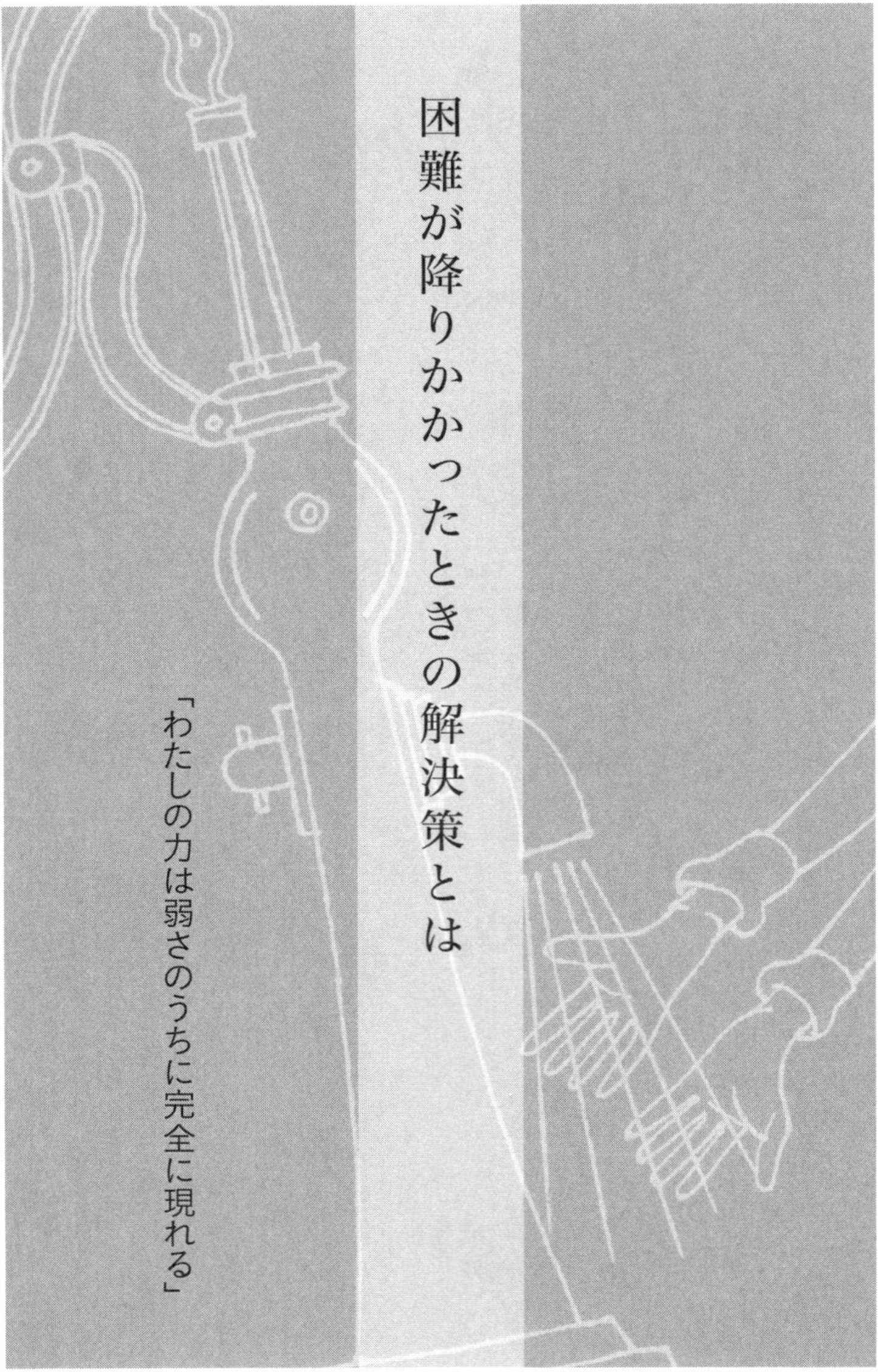

困難が降りかかったときの解決策とは

「わたしの力は弱さのうちに完全に現れる」

私たちは誰でも、人生の中で、自分の力ではどうすることもできない困難な問題に直面して、もがき苦しむことがあります。以前、私はある女性から離婚事件の依頼を受けました。彼女は、夫から覚醒剤使用を強制され、浮気されて見捨てられるというひどい仕打ちを受けていました。裁判では勝訴して損害賠償請求を勝ち取りましたが、当然のことながら、裁判で勝ったからといって彼女の人生そのものの解決になったわけではありません。

人生には、会社が倒産してしまった、突然重い病に冒された、最愛の家族が亡くなった等々、さまざまな苦難が訪れます。そのようなとき私たちは、いかにして困難な問題を解決すればよいのでしょうか？

新約聖書に登場するパウロは、もともとはイエスの使徒たちを迫害していましたが、後に改心して伝道に生涯をささげた人です。パウロは、改心した後、彼自身も迫害に遭って牢につながれ、足かせまで付けられましたが、その牢獄の中で、賛美の歌を歌っていたといいます。いわれのない罪で牢屋に投げ入れられれば、心が萎えてしまって絶望と悲嘆に暮れるのが普通でしょう。しかし、パウロは違いました。

そのような中でも喜びのうちに賛美していたのです。では、パウロは人間的に強かったのでしょうか？　そうではありません。パウロは私たちと同様にとても弱い人でした。しかしパウロは、大いに喜んで自分の弱さを誇り、「私が弱いときにこそ、私は強い」と断言していたのです。なぜパウロはそう言えたのでしょうか。それは、彼が、神の**「わたしの恵みはあなたに十分である。わたしの力は弱さのうちに完全に現れるからである」（コリント人への手紙第二　一二章九節）**ということばを確信していたからです。

神は、小さな少年ダビデに巨人ゴリヤテを石ころの一撃で倒させたように、また臆病者ギデオンを大勇者にし、三百人の兵隊で十数万人のミディアン人を打ち破らせたように、弱い者の中に大いなる力を与えて勝利させてくれる方なのです。そして、この弱い人間を強くする力こそ、神の力に他なりません。

では、私たちが神からこの大いなる力を受けるために何か特別なことが必要なのでしょうか？　その必要はありません。イエスは、**「だれでも渇いているなら、わたしのもとに来て飲みなさい。わたしを信じる者は、聖書が言っているとおり、そ**

の人の心の奥底から、生ける水の川が流れ出るようになります」（ヨハネの福音書七章三七、三八節）と言っています。誰であっても心に渇きを覚えたなら、イエスのところに来なさいと。そうすれば「生ける水」である神の力を受け、私たちの魂の中から生ける水の川が流れ出るようになると約束されているのです。

§

イギリスの牧師チャールズ・H・スポルジョンは、「あらゆる試みの中で神のみ手を見ることができるように、神からの恵みを叫び求めよ。また、直ちにみ手に委ねることのできるように恵みを叫び求めよ。委ねることのみならず、それに黙って従うこと、それを喜ぶこと……そこまで来るとき、おおむね問題は終わりにきていると私は思う」と言っています。

ヘレン・ケラーは、「アザミは土から生い立ち、バラにもとげがあるのなら、どうして人生に試練があってはいけない理由があるでしょうか？　それは不思議でも残酷でもありません。試練は、私たちの生命を拡大し、この限られた地上では達成不可能なあの高い天命にそなえて私たちに強さを身につけるよう促す、神の激励なのです」ということばを残しています。目も見えず、耳も聞こえず、口もきけないという状況の中で、ヘレンは何度、イエスのもとに行って生ける水を求めたでしょうか。しかし、その後のヘレンの人生を見れば、神の激励に応え、神の力がヘレンの心に満ち満ちて、生ける水の川となってあふれ出したことは明らかです。

私たちは、人間の力ではどうにもならない問題に直面したとき、悩み苦しみます。しかし、そこで心が打ち砕かれ、へりくだって神を見上げ、生ける水を求めるなら、神は、私たちの心の中にいのちの躍動、充実、輝きを与えるのです。困難な問題は、実は、私たちを神へと近づけてくれる好機です。だからこそ聖書は**「いつも喜んでいなさい。絶えず祈りなさい。すべてのことにおいて感謝しなさい」**（**テサロニケ人への手紙第一 五章一六〜一八節**）と勧めているのではないでしょうか。

ですから私は、自分の人生にどのような困難が降りかかろうと、むしろそれを感謝して、神から力を与えられるよう求め続ける、そういう人生を歩んでいきたいと思わされています。

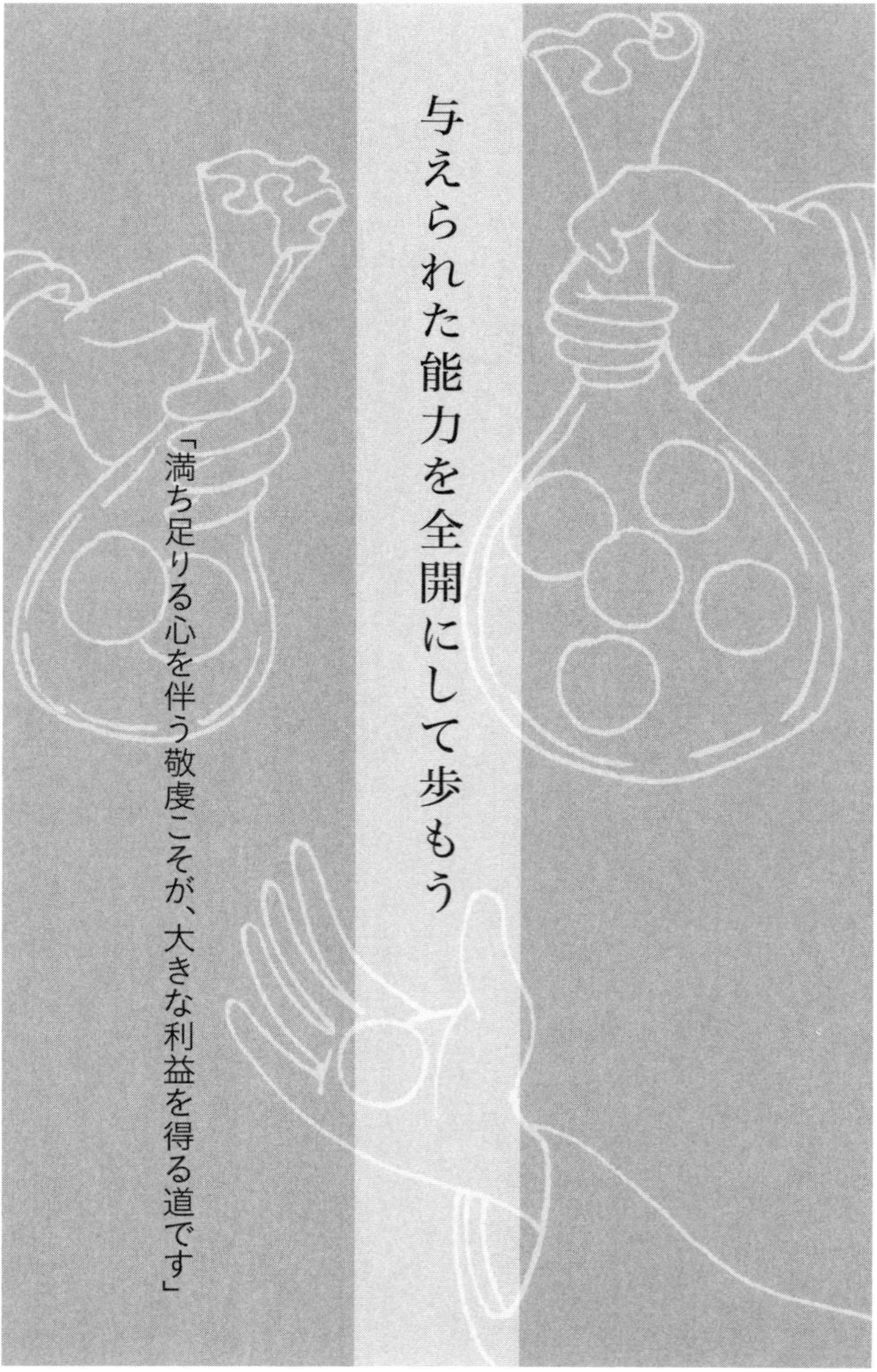

与えられた能力を全開にして歩もう

「満ち足りる心を伴う敬虔こそが、大きな利益を得る道です」

私たちは、能力が高くてバリバリ活躍している人、社交的で楽しく幸せそうに生きている人、豊かで華やかに生活をしている人などを見ると、それと比較して自分の境遇を惨めに思ったり、「どうせ自分はこんなものだ。今のままで、まあいいか」などと妥協してしまったりすることはないでしょうか。私の事務所にも、よくそういう思いをしている方が相談にいらっしゃいます。

しかし、聖書は、そのようなマイナスの思いをもって生きてはならないと教えています。マタイの福音書二十五章十四節以下で、イエスは、天の御国《みくに》は、しもべたちを呼んで、自分の財産を預け、旅に出て行く人のようだと語ります。主人は、三人のしもべに、その能力に応じて、五タラント、二タラント、一タラントを渡して旅に出かけました。五タラントと二タラントを預かった者は、それを元手に商売をして二倍に殖やし、主人が帰ってきた時にそのことを報告します。すると主人は、「よくやった。良い忠実なしもべだ。あなたは、わずかな物に忠実だったから、私はあなたにたくさんの物を任せよう。主人の喜びをともに喜んでくれ」といって称賛しました。ところが、一タラントを預かった者は、何の努力もせずにそれを土の中に埋めてしまい、主人が帰ってきた時に、「あなたは、蒔かない所から刈り取り、散らさない所から集めるひどい方だ」と言って主人を非難し、預かった一タラントをそのまま返してしまいました。主人は、このしもべの態度に「悪いなまけ者のしもべだ」と激しく怒って、この一タラントすらも取り上げてしまったのです。

さて、もしこの一タラントという価値がわずかなもので、しもべにそれを殖やす能力がなかったのなら、一タラントのしもべの言動もわからないではありません。しかし、一タラントとは六千デナリ、一デナリは一日分の賃金といわれています。とすると今の日本でいえば、一日一万円として六千万円という莫大《ばくだい》な金額を、主人はしもべに託していたのです。また、主人は、しもべの能力を考えずにお金を押しつけたのでもありません。聖書が「しもべの能力に応じて」と記しているように、主人はそのしもべに能力があることを認めて預けていたのです。ですから、このしもべが主人に忠実であったなら、その能力を用いて、元手を殖やすことができたのです。ところが、一タラントのしもべは、預けられたお金を失うことを恐れて、主人が認めた能力を生かすこともしないで、それを土に埋めてしまったのでした。

一方、主人は、なぜ忠実だったしもべたちに、五タラント（今でいえば約三億円！）とか二タラント（今でいえば約一億二千万円！）という「たくさんの物に忠実だった」と言わずに「わずかな物に忠実だった」と言って称賛したのでしょうか。それは、自分が旅に出ている間に、しもべたちが忠実であったなら、そんな金額も「わずかなもの」としか思えない、比較にならないほどの恵みを与えてあげようと楽しみにしていたからだと思います。一タラントのしもべに対しても、主人は、その忠実さに期待し、愛をもって待っていたのに、そのしもべはそれを裏切ってしまったのです。だからこそ、主人はあんなにも怒ったのでしょう。

§

私たちはどうでしょうか。生きている中で、あれも足りない、これも足りないと、ない物を求めてしまうことはないでしょうか。聖書は、**「満ち足りる心を伴う敬虔こそが、大きな利益を得る道です」（テモテへの手紙第一 六章六節）**と教えます。それぞれ違いはありますが、私たちは、生命、肉体、心、食べ物、衣服、健康、家族、仕事など本当にたくさんのものを与えられています。他の人と比べるのではなく、神からすでに与えられているものを一つ一つ数えて、感謝して満ち足りる心を養うことが大切だと思わされます。

また、私たちは、自分には無理だとか、そんな力は無いなどと、自分を過小評価してしまうことはないでしょうか。聖書は、**「良い地に蒔かれたものとは、みことばを聞いて受け入れ、三十倍、六十倍、百倍の実を結ぶ人たちのことです」（マルコの福音書四章二〇節）**と教えています。いかに自分が小さくても、神のことばを聞いて受け入れるなら、聖書に約束されたように力強く人生を生き抜くことができるのです。そして、私たちが、与えられた使命を自覚して、それに忠実に生きようとするとき、想像することもできないくらいの恵みを得られるのだと思います。

神は、私たちが神に忠実に生きることを期待して愛をもって待っています。ですから、不足感を抱いて不平を漏らしたり、劣等感をもって生きるのではなく、与えられているものに感謝し、神のことばに聞き従って、与えられた能力を全開にして、力強く歩み続けなければならないと思うのです。

大胆に願うことの大切さ

「私を大いに祝福し、私の地境を広げてくださいますように」

犯罪学の中にラベリング理論というものがあります。これは、ある人が非行や犯罪とされる行動をとり、そのことが世間に知られると、世間はその人に非行少年とか犯罪者というレッテルを貼りつけて、特別の目で見るようになり、それに伴って、その人自身も自らを非行少年とか犯罪者であると認識するようになってしまって犯罪的性向から抜けられなくなるという理論です。そして、このような結果を回避するために、刑事政策上、一定の場合にはラベリングが行われる前に社会内において更生が図れるようにすべきだという、ダイバージョン理論が提唱されるようになっています。

このように人にレッテルを貼ったり、その影響を受けたりというのは、決して非行や犯罪の場面に限られるものではありません。私たちはこれまで数多くの失敗や挫折を経験してきています。そして、教師、友人、親などから、さまざまなことを言われて、自分がどういう人間なのか自己評価を下してきました。「自分はダメだ」、「どうせこんな程度しかできない」、「頭が悪い」などというマイナスの自己評価の多くはこのような過程を経て形成され、固定化してしまっています。前述のタラントの教えに出てくる一タラントのしもべも、おそらくそれまでの経験から自分には殖やす能力がないと思い、一タラントを失うことを恐れて、土の中に埋めてしまったのでしょう。

私たちも、更なる失敗や挫折を恐れて次の一歩を踏み出せないことがあります。では、このようなマイナスの自己評価から解放されて人生を力強く生きていくにはどうしたらよいのでしょうか。

§

旧約聖書の第一歴代誌をひもとくと、一章から九章はアダムから始まる何千年にもわたるヘブル民族の正式な家系が記述されています。正直、なかなか読む気になれない退屈な箇所なのですが、その四章九節、十節では、こつ然と次のようなくだりが登場します。

「ヤベツは彼の兄弟たちの中で最も重んじられた。彼の母は、『私が痛みのうちに

この子を産んだから』と言って、彼にヤベツという名をつけていた。ヤベツはイスラエルの神に呼び求めて言った。『私を大いに祝福し、私の地境を広げてくださいますように。御手《みて》が私とともにあってわざわいから遠ざけ、私が痛みを覚えることのないようにしてください。』神は彼の願ったことをかなえられた」

これが有名なヤベツの祈りです。

ところで、この「ヤベツ」という語はヘブル語で「苦しみ」という意味なのだそうです。そして、ユダヤ人が子どもにつける名は、その子どもの気質と運命を予言するものでもあったそうです。ですから、ヤベツは子どもの時から「苦しみ」とラベリングされて生きなければならなかったのでした。母親から苦しみという名前をつけられ、運命づけられて、ヤベツはどれほどの辛苦を味わったことでしょう。

しかし、ヤベツはくじけませんでした。神に、苦しみにラベリングされた人生からの解放を求めたのです。神に、自分を大いに祝福してください、自分の人生をもっと拡大してください、神が自分と共にあって災いを遠ざけ、苦しみのない人生を歩めるよう導いてくださいと力強く祈ったのでした。何千年にもわたる系譜が記載されているだけの中で、ヤベツだけが具体的に取り上げられているのは、そのような素直で大胆な願いと祈りをした人物が、長い歴史の中でヤベツ一人だったからであり、神はその祈りを大いに喜んだからではないでしょうか。

私たちは、自分のあまりの小ささや罪深さを恥じて、神に対して、自分を大いに祝福してくださいとか、自分の人生を拡大してくださいなどと願うのはもってのほかだと思ってしまうことはないでしょうか。もちろん、単なる人間的な欲望に基づく願いはかなえられることはないでしょう。しかし、イエスは**「あなたがたがわたしにとどまり、わたしのことばがあなたがたにとどまっているなら、何でも欲しいものを求めなさい。そうすれば、それはかなえられます」（ヨハネの福音書一五章七節）**と言っています。

ビジネスであれ、受験であれ、家庭であれ、それらは神が私たちにゆだねている領地です。神は、私たちがそれらを大いに用いて、人々の生活、社会や世界に向けて大きな影響を与えていく重要な機会と捉えていくことを望んでいるのです。そのときに私たちが神に、もっとそのような機会を広げてくださいと求めるなら、神は大いに喜んでそれに応えてくれるのだと思うのです。

私たちが、ラベリングされた人生からの脱却を決意し、神に大いなる祝福を求めて人生の機会を広げてくださいと祈るとき、神がヤベツを喜びその願いをかなえたように、私たちの願いもかなえてくださるに違いないと私は確信しています。

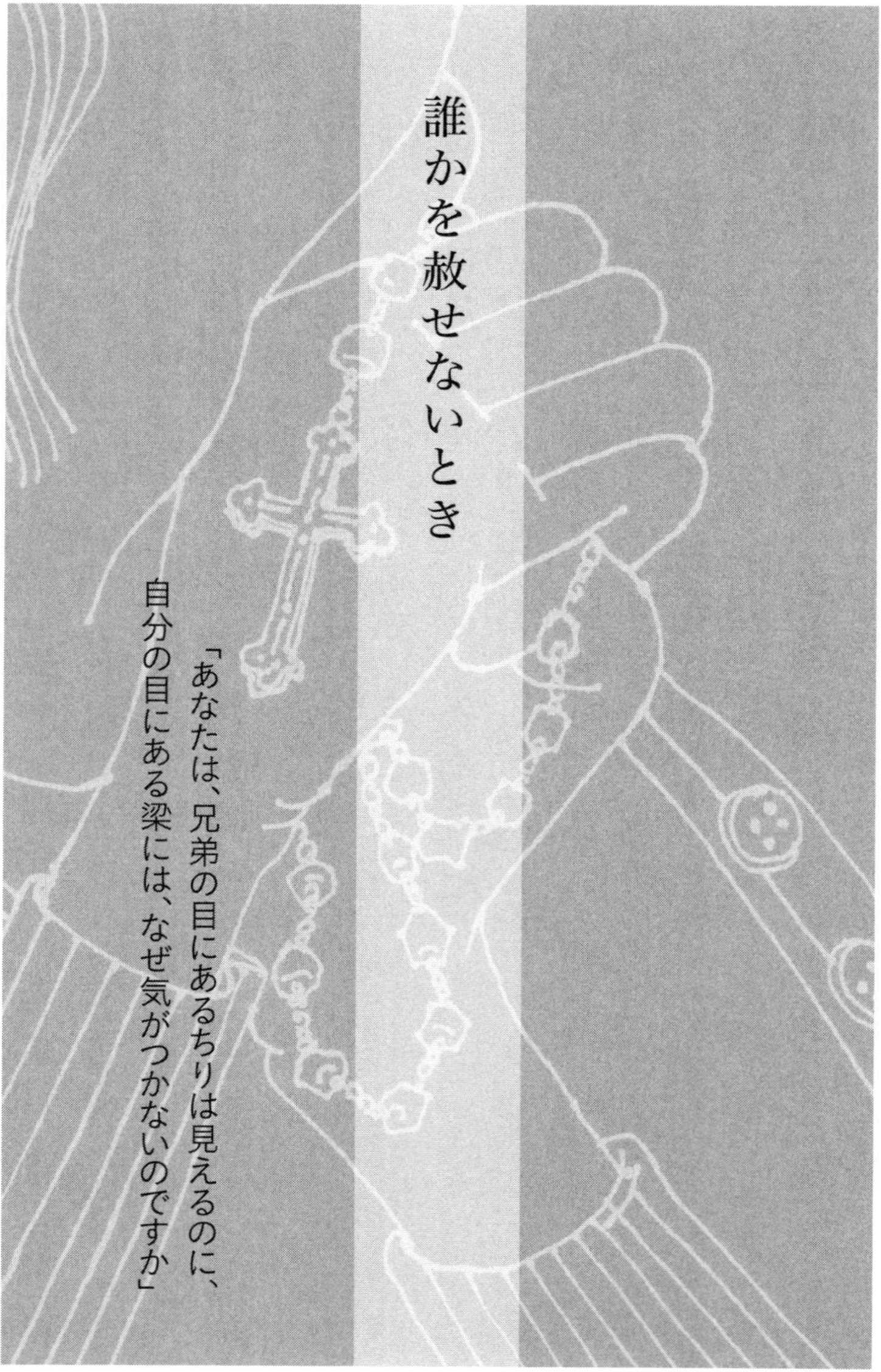

誰かを赦せないとき

「あなたは、兄弟の目にあるちりは見えるのに、
自分の目にある梁には、なぜ気がつかないのですか」

社会の中で発生する紛争には、相続、離婚等の個人間の争いから会社や国に対する争いまでさまざまあります。しかし、こうした紛争の中には、もし互いに赦し合うことができたなら、紛争にならずに済んだという事件も数多く存在します。弁護士として争いの中に身を置いていると、人が人を赦すということがいかに困難なことか、その現実を思わされない日はありません。

イエスは、赦すことについて、マタイの福音書十八章二十三節以下で、王から莫大な金額の借金をしていたしもべの話にたとえて教えています。このしもべの借金は一万タラントでした。一タラントは六千デナリ、一デナリは一日分の労賃といわれていますから、仮に一日分の労賃を一万円とすると、このしもべの借金は日本でいうと六千億円という莫大な負債だったことになります。この王は、しもべが懇願するのをかわいそうに思い、気前よく全額を免除してあげました。ところが、このしもべは自由になって表に出るや、王からの恩義を忘れてしまうのです。しもべは百デナリ（日本でいえば約百万円）を貸していた仲間に出会うと、借金の返済を迫ります。さらに、この仲間が返済猶予を懇願しているのに、首を絞め、借金を返済するまで牢に投げ入れてしまったのでした。この話を聞いた王は激怒し、このしもべを呼びつけて、借金全額を返済するまで獄吏に引き渡しました。イエスは、このたとえにより、もし私たちが心から兄弟を赦さないなら、神も私たちをこのしもべに対するのと同様にすると私たちを戒めたのです。

生まれてこのかた、私たちは、自分が気がついているだけでも、怒り、恨み、嘘をつき、貪り、情欲を抱くなど、たくさんの「罪」を犯してきています。しかも、イエスが**「あなたは、兄弟の目にあるちりは見えるのに、自分の目にある梁には、なぜ気がつかないのですか」（マタイの福音書七章三節）**と警告するように、自ら気がついていない数多くの罪も犯しています。その総計は、想像を絶するくらい莫大なものになっています。それでも神は私たちを愛し、私たちが気がついていないものも含めて、すべての罪を帳消しにしたのです。そうだとすれば、私たちには、他人が私たちに犯した罪を赦す以外に選択肢はないはずです。にもかかわらず、頭ではわかっているつもりでも、神に罪を赦されていることを忘れて他人の罪を責め立ててしまうのです。真に人を赦すということは、どれほど困難なことなのでしょうか。

§

ここにその困難を乗り越えて、自分の家族を殺害した者を赦した人がいます。イマキュレー・イリバギザさんという女性です。一九九四年にルワンダでフツ族がツチ族を百日間で百万人大虐殺する凄惨な事件が発生しました。ツチ族のイマキュレーさんの両親と兄弟、友人らは惨殺されました。彼女の家族を殺したのは、同じ村の同じ学校に通っていたフツ族の級友や教師、隣家の人たちでした。彼女が生き残ったのは、フツ族の牧師宅の隠しトイレに、七人の女性と共に九十一日間にもわたってかくまわれていたからでした。狂気となったフツ族が彼女を殺そうとして、何度も牧師宅にやってきましたが、奇跡的に発見されずに済んだのです。このような体験をしながらも、彼女は殺人鬼となったフツ族を赦そうとし、助かったらフツの人たちのために何ができるかを考え、祈り続けたのでした。しかし、助かった後、ひどい殺され方をした兄の遺体を墓で見た時、怒り、憎悪、復讐《ふくしゅう》心がぶり返してきます。それでも彼女は、神の愛と赦しの力で自分を満たし、家族を惨殺した人々を赦し愛することができるように、神に祈ったのです。そうした過程を経て、両親を殺した犯人と対面した時、ついに彼女は「あなたを赦します」と言います。この男を引き連れてきた男は、せっかく家族を殺したやつを連れてきたのになぜ赦すんだと激怒しますが、彼女は静かに「赦ししか私には彼に与えるものはないのです」と答え、家族を殺した男を赦したのでした。（詳しくは『生かされて。』〈ＰＨＰ研究所〉をお読みください）

イマキュレーさんの体験はあまりにも凄絶で、到底私には同じことを行うことはできません。しかし、誰かが私に罪を犯し、そのことを赦せないと思うときには、イマキュレーさんが神に熱心に祈ったように、自分が相手を愛し赦せる人間に変えられて、赦すと決断できるように心を尽くして祈り、神からの助けを得ながら、相手に接して赦せるようになっていくことが大切なのだと思いました。

人が人を真に赦すことは本当に困難なことだと思います。しかし、どんなときにも、神が私たちを赦してくださった罪が莫大なものであることを忘れることなく、

自分の心の中が神の愛と赦しの力で満ちあふれていくような生き方をしていきたい
と強く思っています。

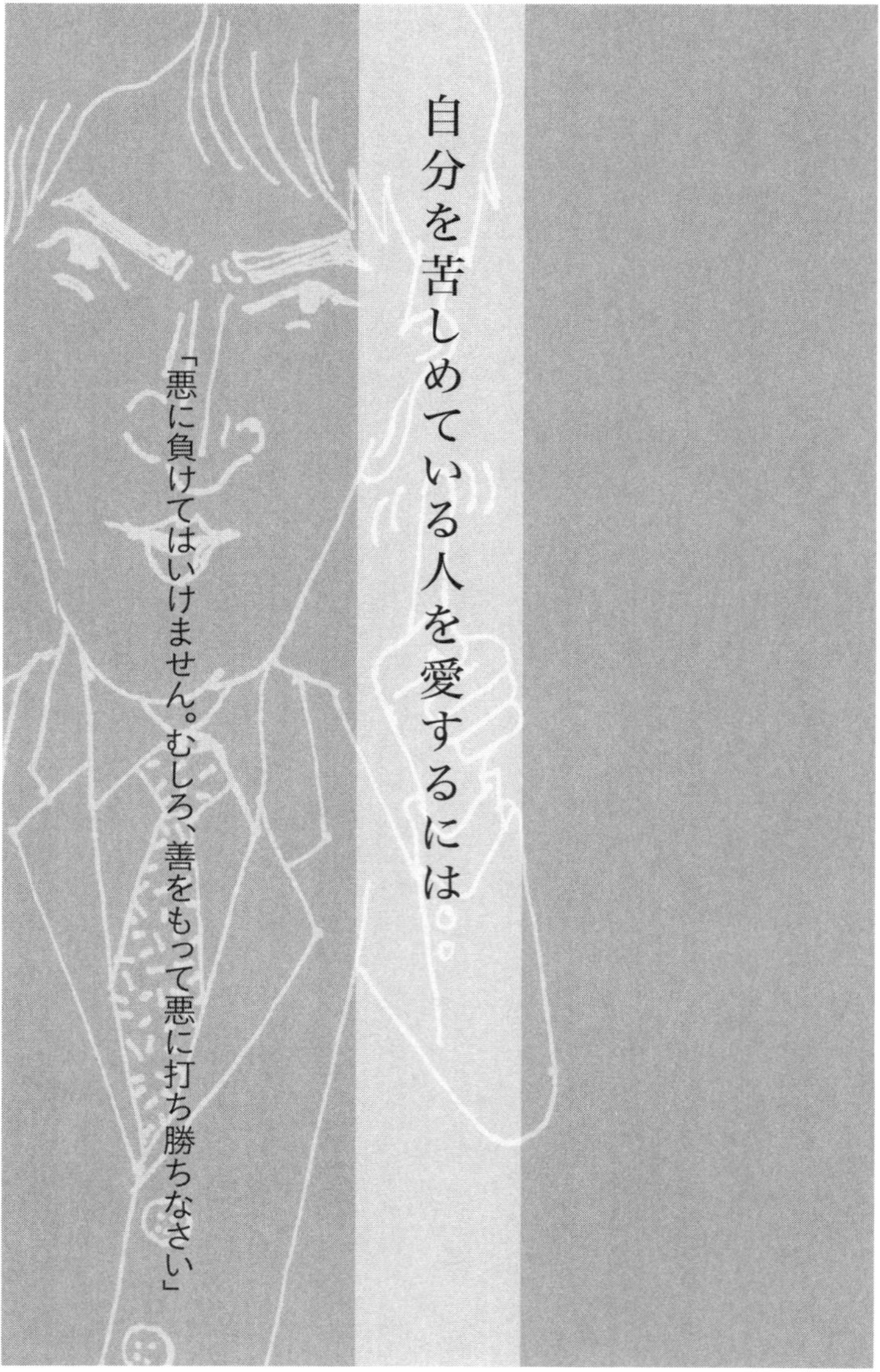

自分を苦しめている人を愛するには

「悪に負けてはいけません。むしろ、善をもって悪に打ち勝ちなさい」

ひところ「半沢直樹」というテレビドラマが大ヒットし、「やられたらやり返す」、「倍返しだ！」ということばが流行語になったことがありました。世の中では、誰かから意地悪や嫌がらせをされて仕返しをするということはよくあることです。また、会社の上司や部下、あるいは身内などの中に自分を虐げる者がいたりすると、「何であんな人がいるんだろう、あの人さえいなければ……」という思いが心の中に渦巻いて、その人が失脚したり、不幸があったりすると、「いい気味だ……」などと秘かに復讐心を満足させたりすることもよくある話です。

しかし聖書は**「愛する者たち、自分で復讐してはいけません」（ローマ人への手紙一二章一九節）**と戒めています。個人間の争いから果てはテロや国家間の戦争まで、ひとたび復讐をすれば、行き着くところは血で血を洗うような紛争となり、際限のない復讐の連鎖となっていきます。自分の考え方が唯一正しく、それ以外の考え方は間違っているから排斥されるべきだという間違った信念が、私たちそして社会や国家の不幸の大部分を創り出すのです。イエスは**「あなたは、兄弟の目にあるちりは見えるのに、自分の目にある梁には、なぜ気がつかないのですか」（マタイの福音書**

七章三節）と問いました。人間の行う復讐は自らが自分の目の中の梁の存在に気がつかないことから行われるものであり、自我の押しつけ以外の何ものでもありません。

また、人に不幸なことが起こって「ざまあ見ろ」という思いをもったり、「あの人に不幸が起こるように」と願ったりするような復讐心もまた、自分の目の中の梁に気づかず、自我に固執している結果であって、そうした間違った状態ではいつになっても心の中に平安をもたらすことはできません。聖書が**「復讐はわたしのもの。わたしが報復する」（ローマ人への手紙一二章一九節）**と教えているように、復讐は神以外に行うことはできないのです。

では、神はどのようにしてそれを行うのでしょうか。私たちを傷つけた相手を神がコテンパンにやっつけてくれ、私たちの代わりに憂さを晴らしてくれるのでしょうか。そうではありません。

聖書に**「神よ　まことに　あなたは私たちを試し　銀を精錬するように　私たちを錬られました。……しかし　あなたは私たちを　豊かな所へ導き出してください**

ました」（**詩篇六六篇一〇、一二節**）とあるように、神は私たちを愛するからこそ、正しきことを悟らせるために懲らしめや訓戒を与えます。他方で、神は、私たちを苦しめているその人のことも愛しています。ですから、神は、私たちの虐げられた気持ちを晴らすためではなく、私たちを虐げるその人を愛しているからこそ、神が私たちに行うのと同じように、その人も正しきを悟るように最もふさわしい形で懲らしめや訓戒を与えるのです。

§

では私たちは、私たちを虐げる相手に対して何をすべきなのでしょうか。聖書は**「もしあなたの敵が飢えているなら食べさせ、渇いているなら飲ませよ。……悪に負けてはいけません。むしろ、善をもって悪に打ち勝ちなさい」**（**ローマ人への手紙一二章二〇、二一節**）、**「自分の敵を愛し、自分を迫害する者のために祈りなさい」**（**マタイの福音書五章四四節**）と教えています。

神は私たちのことを虐げる人のことも愛しているのですから、私たちがその人に復讐をすることは、神が愛している存在に対して攻撃をしかけることになり、本末転倒です。自分も自分を苦しめている相手も、神の前に罪を犯し、目の中に梁をもつ人間として同じです。どちらも正しい側面と誤った側面を併有していて、自我と自我とがぶつかり合った状態になっているのです。そして両者ともが神によって精錬されてきよくなっていく道の途上にいるのです。ですから聖書は、双方が互いにそういう途上にあるのだということを理解し、むしろ自分のほうが相手よりも先に謙遜を身につけ、目の中の梁に気がついて、自我を焼き尽くし、自らの心に潜んでいる悪に打ち勝てと命じているのだと思います。そして、自分を虐げている相手がそのことを悟っていようがいまいが、自らは進んで相手が必要とする施しを忍耐をもって行って、自らの人格を成長させ、キリストの似姿に変えられていくようにと求めているのだと思うのです。

私たちはこれからも、誰かから嫌がらせをされたり、不当な攻撃を受けたりすることでしょう。しかしそういうことがあっても、決して仕返しをするとか心の中に復讐心を燃やしたりすることなく、むしろ、自らは進んでその人のことを愛し、その人のために祈っていく、そういう人生を歩んでいきたいものだと思います。

他人と比べて生きるのではなく

「主が良くしてくださったことを何一つ忘れるな」

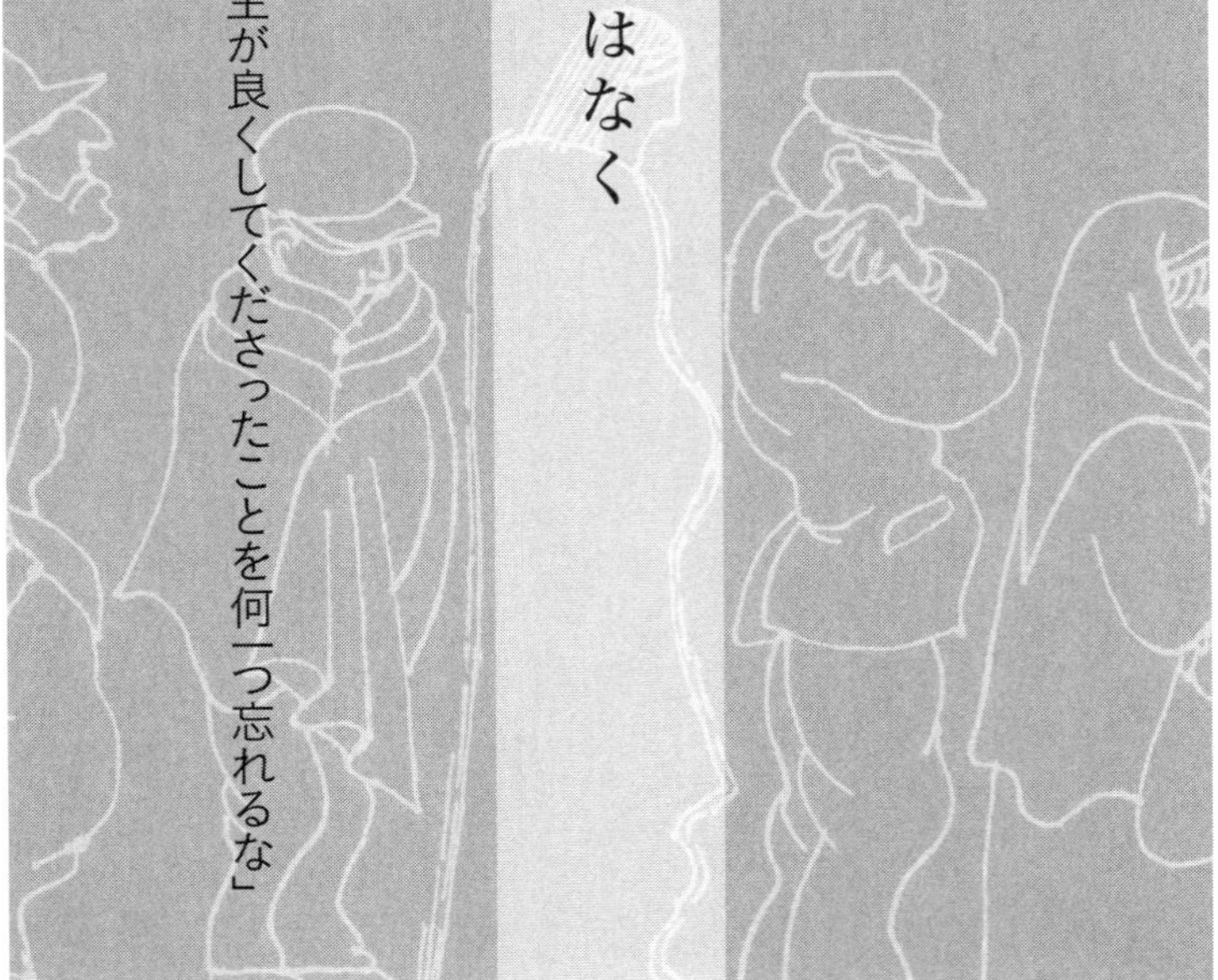

労働基準法は、不当な理由によって労働者を差別することを禁止しており、合理的理由がないのに、ある従業員に他の従業員より安い給料を支払ったり、逆に高い給料を支払ったりすれば、人事考課権の濫用として違法とされることになります。しかし、イエスは、マタイの福音書二十章一節以下で、このようなこの世の価値観とは真逆とも思えるようなたとえ話を用いて天の国について教えています。

イエスは天の国を、自分のぶどう園で働く労働者を雇いに市場に出かける主人にたとえます。主人は、夜明けごろに市場に出かけて、一日につき一デナリ（一日分の賃金。日本でいえば一万円くらい）の約束をして労働者を雇った後、午前九時ごろ、十二時ごろ、午後三時ごろにも、相当額の支払いを約束して人を雇います。さらに、夕暮れまで一時間くらいしか働けないのに、午後五時ごろにも市場に出向いて人を雇い入れました。そして、夕方になると、なんとこの主人は監督者に、最後に来た者から賃金を払うように指示し、午後五時ごろに雇われた者から一デナリずつを支払ったのです。それを見て最初に来た人たちは、自分たちは彼よりも早く来てよりたくさん働いたのだから、もっと多くのお金をもらえるだろうと期待しましたが、もらえたのは同じ一デナリだけでした。そこで、彼らは主人に対し、最後に来た人たちは一時間しか働いていないのに、一日中、焼けるような暑さを辛抱して働いた自分たちと同じ扱いにするのは不公平だと激しく怒りました。

これに対して主人は、この者たちに「友よ」と言って優しく語り始め、自分は最初に来た者たちに、約束どおり一デナリを支払っているのだから不当ではない、自分は最後に来た者にも最初に来た者と同じようにしてあげたいと思っているのだと諭したのでした。そして、イエスは、「このように、後の者が先になり、先の者が後になります」としてこのたとえ話を結んでいます。最初に来た人たちの怒りは、この世の常識から考えれば当然のことでしょう。イエスはここで何を教えようとしているのでしょうか。

§

聖書をよく読んでみると、主人は、朝早く雇った者とは一日一デナリを支払う約束をし、その後に雇った者とは相当額を支払う約束をしていますが、夕暮れ間近の午後五時ごろ雇った者とは何の約束もしていません。なぜでしょうか。午後五時ごろ雇われた人たちは、その日誰からも雇ってもらえず、その夜をどう過ごせばよいか途方に暮れていたことでしょう。主人は彼らの不安を知っていて、日暮れまで一時間くらいしか働いてもらえないとしても、そんなことは関係なしに雇い、一日を生きるための糧を与えてあげたいという慈しみの心であふれていたからではないでしょうか。そして、労働者のほうは、間もなく日が暮れようとするのに、自分たちのような者を雇ってくれる主人に感謝し、無条件の信頼を寄せて、この主人について行こうと決心したから、何の約束もしなかったのだと思います。

一方、早朝に雇われた者は、確かに灼熱の中で労働したかもしれませんが、労働を終えれば一日分の賃金をもらえる約束と安心がありました。そして、主人からは当初の約束どおり一デナリをもらったのですから、何ら不当なことはなかったのです。それにもかかわらず、最初に雇われた者たちは、自分たちも午後五時ごろに雇われた者と同様に市場で立っているだけの者に過ぎず、そこから主人に救い出された者であることを忘れて、たくさん働いたから、より多くもらえて当然だという思い違いをして自分を過大評価したのです。イエスは、このたとえ話を通じて、神との関係を忘れて、他人との関係で自らの優越を誇ろうとする私たちの高慢さを戒めているのだと思います。

私たちは、つい自分の業績をもっと評価してもらいたいと思ったり、より多くをもらえてしかるべきだと思ったりすることはないでしょうか。しかし、決して忘れてはならないのは、自分こそが、夕暮れ間近の午後五時ごろに主人に救い出してもらった哀れな労働者であるということです。それを忘れて、自分が何事かをなした者でもあるかのように錯覚するとき、高慢の罪に陥ってしまうのだと思います。

聖書は、**「有るものを無いものとするために、この世の取るに足りない者や見下されている者、すなわち無に等しい者を神は選ばれたのです」（コリント人への手紙第一 一章二八節）**、**「わたしは、高く聖なる所に住み、砕かれた人、へりくだった人とともに住む。へりくだった人たちの霊を生かし、砕かれた人たちの心を生かすためである」（イザヤ書五七章一五節）**と教えています。私たちは、徹底して砕かれてへりくだる心をもたなければならないと聖書は教えているのです。

「わがたましいよ　主をほめたたえよ。主が良くしてくださったことを何一つ忘れるな」（**詩篇一〇三篇二節**）、**「誇る者は主を誇れ」**（**コリント人への手紙第一　一章三一節**）と聖書は言います。横を向いて他者と比較して生きるのではなく、一心に神のほうを向いて、神と共にあることを誇りとして生き抜いていきたいと思わされます。

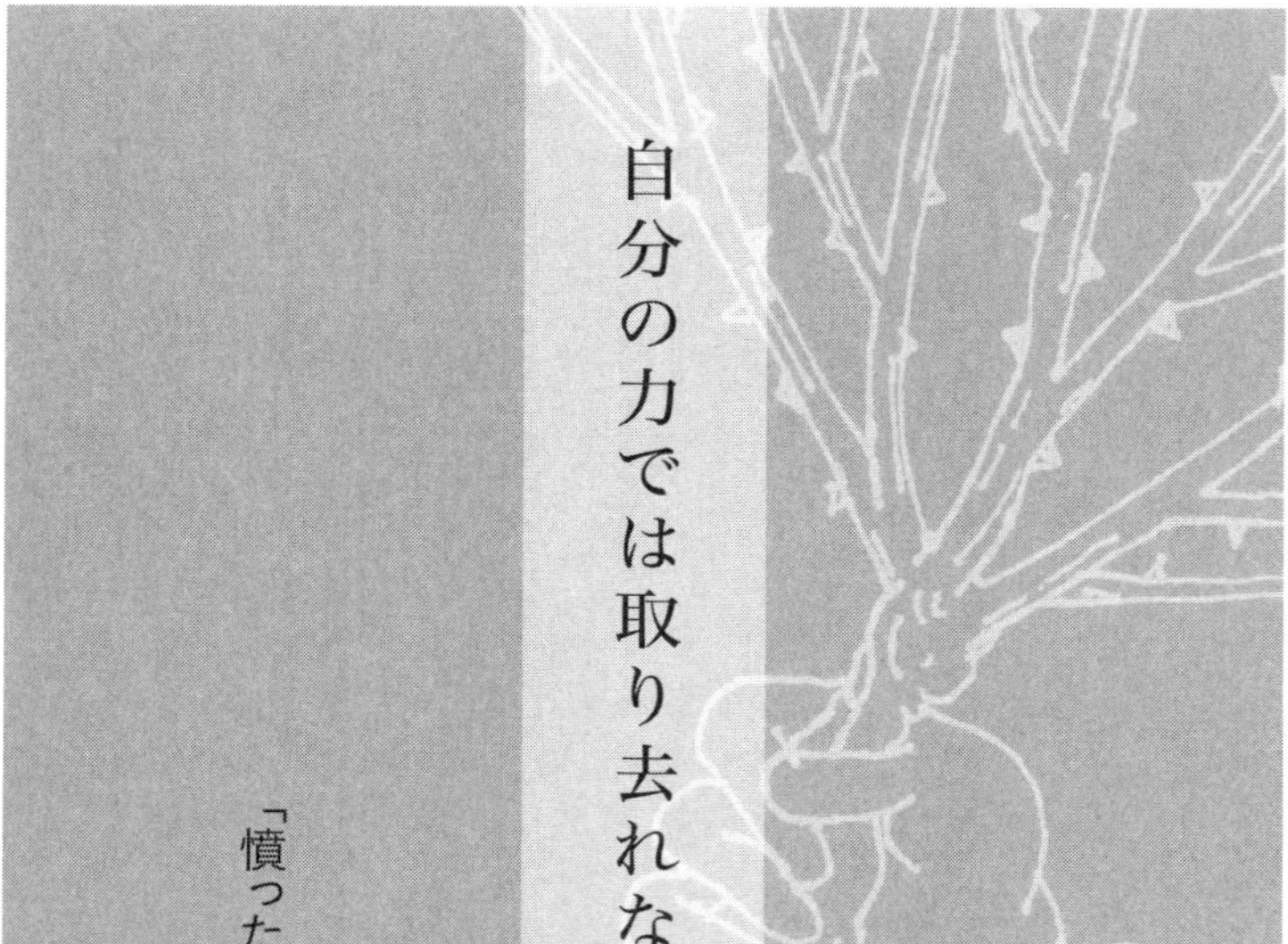

自分の力では取り去れない「怒りの根」

「憤ったままで日が暮れるようであってはいけません」

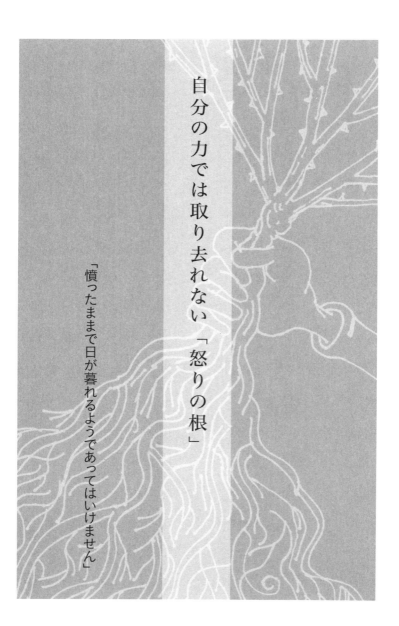

私たちは、誰でも平安のうちに喜びにあふれて生きることを望んでいます。しかし、現実はどうでしょうか。会社でのパワハラ、離婚や相続における熾烈《しれつ》な争いから国同士の戦争、テロに至るまで、怒りに満ちあふれています。新聞を開けば、そこは、怒りと無縁の記事を見つけるほうが困難です。私が弁護士として日々経験する民事事件にしても刑事事件にしても、その大半が怒りの感情が引き金となっていることに気づかされます。

怒りについて聖書は、**「怒っても、罪を犯してはなりません」（エペソ人への手紙四章二六節）**と教えていますから、聖書は怒り自体を罪とはしていません。しかし、聖書の中には**「怒ることをやめ　憤りを捨てよ。腹を立てるな。それはただ悪への道だ」（詩篇三七篇八節）**、**「人の怒りは神の義を実現しないのです」（ヤコブの手紙一章二〇節）**など、人間の怒りを肯定する箇所は一つもありません。それは、人間の怒りはその大半が、敵意、争い、そねみ、党派心、分裂という人間の悪しき側面に結びついていってしまうからだと思います。

人間の怒りは、自分の考えと異なる言動をする者に抵抗し、その者を自分に従わせ、支配しようとする感情です。しかし、怒りという手段によって完全に相手を従わせたり、支配したりすることは絶対にできません。結局、自分自身が、相手を怒るという状況から脱却できず、むしろ自分自身がその状況に支配され、相手よりも自分のほうが苦しめられる結果に陥るのです。

§

では、聖書は怒りに対してどうあるべきだと教えているでしょうか。

まず聖書は**「人はだれでも、聞くのに早く、語るのに遅く、怒るのに遅くありなさい」（ヤコブの手紙一章一九節）**と、私たちが怒りからできるだけ遠いところにいるように命じています。

次に、私たちが怒ってしまった場合には、**「怒り……を、一切の悪意とともに、すべて捨て去りなさい。互いに親切にし、優しい心で赦し合いなさい。神も、キリストにおいてあなたがたを赦してくださったのです」（エペソ人への手紙四章三一、三**

二節）と教えています。

そして聖書は、怒りを解決するまでの時間的リミットとして、**「憤ったままで日が暮れるようであってはいけません」（エペソ人への手紙四章二六節）**と命じています。

もっとも、私たちは、人間的な努力によって、怒るのを遅くしたり、少しは優しい心をもつことができるようになれるかもしれません。しかし、私たちは、どんなに努力してみても、「相手より自分のほうが正しい」とか「自分が怒るのは当然のことだ」などという気持ちを心の奥底から完全に払拭することはできないのではないでしょうか。夕暮れまでという時間的リミットの中で怒りを解決するなど、とても無理という場合のほうがむしろ多いのではないかと思います。私たちの心の中には、そのくらい深刻な「怒りの根」が張り巡らされてしまっていて、それを自力で完全に取り去ることは困難なのです。

ここをどうするかが最も大切な点です。聖書は**「怒ったり言い争ったりせずに、どこででも、きよい手を上げて祈りなさい」（テモテへの手紙第一 二章八節）**と教えています。神は、私たちのすべてを知っています。そして、私たちの怒りに正しく対処することができる存在です。イエスは「**わたしはあなたがたに平安を残します。わたしの平安を与えます**」（**ヨハネの福音書一四章二七節**）と約束しているのです。ですから、自分で怒りを相手にぶつけたり、愚痴を言ったり、あるいは自分の心の中に怒りをしまいこむのではなく、自分の怒りの叫び、思いのたけを祈りに変え、人にではなく神に向けるのです。そして、相手を赦せないでいる自分の心を神に告白して、その解決をすべて神にゆだねて、祈ることが大事だと思うのです。そうすることにより、私たちの心は次第に静められ、「**愛、喜び、平安、寛容、親切、善意、誠実、柔和、自制**」（**ガラテヤ人への手紙五章二二節**）が私たちの中にあふれてきて、いつしか心に張り巡らされた怒りの根が取り去られて、怒りに対する根本的解決へと導かれるのだと思うのです。

怒りの感情は、ほんとうに制御が困難です。葛藤がない日はないかもしれません。相手から言われたことばやされたことが心から離れず、さまざまな状況で怒りがこみ上げてくることがあるでしょう。しかし、「**主よ　ただあなただけが　安らかに私を住まわせてくださいます**」（**詩篇四篇八節**）とあるように、神は私たちの怒りを平安の中に包みこみます。私たちの痛みや苦しみをすべて知っている神の前にすべての重荷を下ろし、心を静めていく生き方を、日々していきたいと願っています。

失敗してどん底に落ちても希望はある

「人は律法を行うことによってではなく、
ただイエス・キリストを信じることによって義と認められる」

私が駆け出しの弁護士だった頃、ある若者の覚醒剤取締法違反の刑事弁護をしたことがあります。若者は起訴された事実は認めていたので、情状面での酌量減軽を目指すことが弁護の中心となり、証人として父親に法廷に立ってもらうことになりました。この父親は小さな商社の社長をしていて、息子を更生させて自分の会社で働いてもらいたいという希望をもっていました。この若者に父親の気持ちを告げると、若者は「今さら親父のところに戻れるかよ。俺なんかもうダメだ。放っておいてくれ」と、吐き捨てるように言い返してきました。それを聞いた父親の嘆き悲しむ姿を今でも忘れることができません。それまでの父子関係にもいろいろ問題があったのですが、更生するためには、素直さ、謙遜さ、そして一歩を踏み出す勇気が必要なのだと思わされた事件でした。

聖書の中には、似たような状況から立ち返って父親をことのほか喜ばせた話があります。ルカの福音書十五章十一節以下で紹介されている有名な放蕩《ほうとう》息子のたとえ話です。

ある父親に二人の息子がありました。ある日、次男が父親に生前贈与を要求し、彼は父親から多くの財産を受け取って遠い国へと出て行ってしまいました。その後は放蕩の限りを尽くし、すべてを使い果たしてしまいます。大飢饉《ききん》が起こって食べる物にも事欠いて、豚の食べるいなご豆さえ恵んでもらえないところまで落ちぶれた時、彼は初めて自分の過ちに気づきました。そして、これまでの自分を悔い改めて、父親に救いを求め、かつて飛び出した父の家に帰ったのです。彼は、もう息子と呼ばれる資格もないと思っていましたが、父親は帰ってきた息子をしっかりと抱きしめて、「死んだ息子が生き返った」と喜んで、盛大な祝宴を開いたのでした。

一方、長男は、弟が歓待を受けているという話を聞いて立腹します。自分は長年の間、父親に仕え、戒めを破ったこともないのに、あのような祝宴を開いてもらったことは一度もないと言って怒ったのです。

確かに、長男からすれば、自分は父親のために頑張って正しい行いをしてきたのでしょうから、放蕩の限りを尽くしてきた次男が歓待を受けるというのは、いかにも不公平なようにも思えます。

§

私は、聖書はここで三つのことを教えようとしているのだと思います。

一つめは、神が何をいちばん喜ぶかということです。人は、問題に直面した時、さらに過ちを重ねてしまったり、あるいは自己卑下や自己憐憫から逃れられず、素直に反省できないことが多くあります。しかし、放蕩息子はそうはなりませんでした。飢えまで経験して打ち砕かれた時に、悔い改めて父にすがったのです。そのことが何よりも父親を喜ばせたのだと思います。聖書が**「子どものように神の国を受け入れる者でなければ、決してそこに入ることはできません」（マルコの福音書一〇章一五節）**と教えているように、打ち砕かれた時に、神に立ち返る素直さ、謙遜さ、一歩を踏み出す勇気が何よりも大切であり、そのことを神はもっとも喜ぶのだと思うのです。

二つめは、人はその行いによって義と認められるわけではないということです。この世の中は、法律や道徳によりルールが決められていて、行いの善し悪しによって評価が決められます。放蕩息子の兄は勝手に自分の中にルールを作って、自分の行いのほうが弟よりも正しいのだと考えてしまいました。しかし、人が正しいと思うことをどんなに行っても救われるわけではありません。放蕩息子が悔い改めてそのままの姿で父に立ち返ったことが、義と認められたのです。聖書が**「人は律法を行うことによってではなく、ただイエス・キリストを信じることによって義と認められる」（ガラテヤ人への手紙二章一六節）**と教えるように、人が神への信仰をもつことにより義と認められるのだということを教えているのだと思います。

三つめは神の寛大さです。放蕩息子は、父を裏切り、果ては豚のえさすら恵んでもらえないところまで落ちぶれましたが、父はすべてを赦して喜んで息子を迎えました。神は、人がどのような状態にまで落ちぶれても、間違ったことをしていたとしても、悔い改めて立ち返るなら、必ず赦す寛大な方なのだということを教えているのだと思います。

§

松下幸之助は、「誰でもそうやけど、反省する人は、きっと成功するな。本当に正しく反省する。そうすると次に何をすべきか、何をしたらいいかんかということがきちんとわかるからな。それで成長していくわけや、人間として」と言いました。

私たちは日々さまざまな問題に直面します。大きな失敗をしてどん底まで落ちることもあるかもしれません。しかし、放蕩息子のたとえからは、その失敗自体が間違っているというわけではないと教えられます。そのときに、自分の中に勝手な基準を作り、自分はもうダメだと決めつけて、マイナスの状態で居続けることが間違いなのです。そうではなくて、子どものような素直な心になって本当に正しく反省すること、そして、勇気をもって神に立ち返る一歩を踏み出すことが大事なのです。悔い改めて、神の懐に抱かれるとき、放蕩息子が父に再び抱かれたときのように、本当の希望の光が心に灯るのだと思います。

隣人を愛するとはどういうことか

「あなたの隣人を自分自身のように愛しなさい」

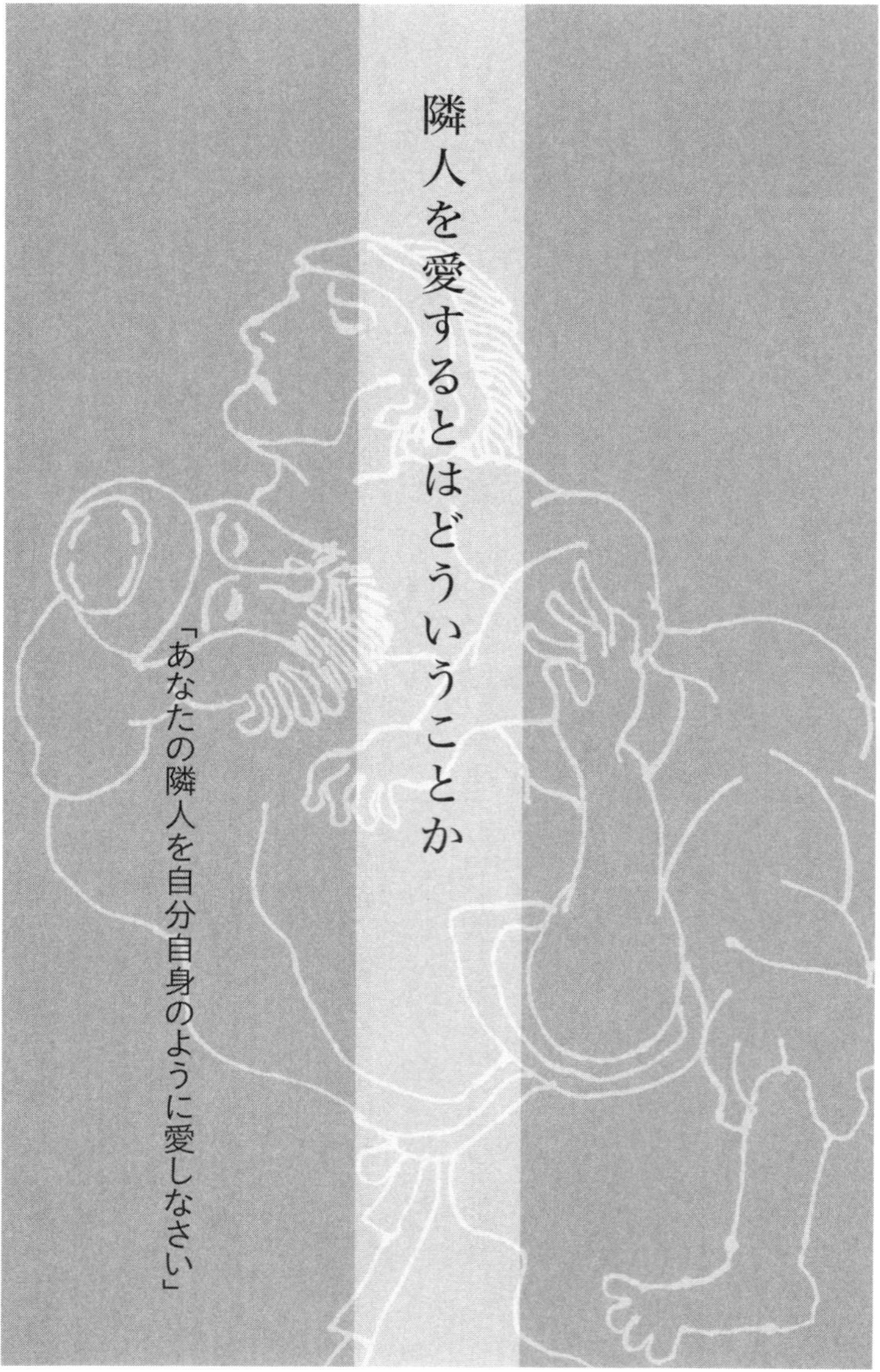

聖書の中で最も大切な教えの一つは、「汝《なんじ》の隣人を愛せよ」です。聖書は繰り返し繰り返し、**「あなたの隣人を自分自身のように愛しなさい」（マタイの福音書二二章三九節他）**と教えています。しかし、この世に目を転じてみると、離婚事件、相続事件、近隣紛争から、会社でのパワハラ事件まで、考えてみれば、隣人間のトラブルばかりです。人が隣人を愛することがいかに困難か、思い知らされない日はありません。もし、人々が聖書の教えに従って真に隣人を愛するのなら、このような紛争は一つも起こらないでしょう。

§

では、聖書が教える「隣人を愛する」とはどうすることをいうのでしょうか。

そもそも、隣人とは誰のことでしょう。イエスの有名なたとえ話に「良きサマリア人」の話があります（ルカの福音書十章二十五節から三十七節）。ある男性が、強盗に襲われて半殺しにされた際、祭司やレビ人がその横を通りかかりました。彼らは神に仕える立場にありながら、反対側を通り過ぎて行ってしまいます。しかし、当時蔑まれていたサマリア人の一人がそこを通りかかると、襲われた人を哀れんで、介抱し、親切を施したというのです。イエスはこのたとえを話した後、「この三人の中でだれが、強盗に襲われた者の隣人になったと思いますか」と質問しています。ここで大切なのは「だれが……隣人になったと思うか」ということばです。イエスは、隣人とは誰かについて、「すでに隣にいる人」だけでなく、弱い人がいたら積極的に近くに行って、進んで「隣人になる」ことが大切であると教えているのです。

交通手段が発達し、インターネットも普及した今日、私たちは飛行機で傷ついている人たちのところに飛んでいくこともできます。メールで愛のある親切な励ましのことばを贈ることもできるでしょう。私たちは世界中の人たちと「隣人になる」ことができるのです。より積極的に心を尽くして、弱さの中にある人たちに寄り添っていかなければならないと思わされます。

それでは次に、「隣人を愛する」とはどうすることをいうのでしょうか。

自分の家族など、愛すべき人たちが傷ついているなら、彼らに親切を施すことは自然にできるでしょう。しかし、隣人の中には、いつも自分に意地悪をしたり悪口を言ったりする人たちもいて、どうしても好きになれない人もいるでしょう。聖書は、あなた（自分）の敵を愛しなさいと教えています。自分の敵は大抵は自分の隣にいるのです。私たちは、そういうときはどうすればよいのでしょうか。「愛せよ」と言われると、その人のことを好きにならないといけないとか、具体的に行動しなければならないと思いがちです。しかし決してそうではありません。

以前、兄弟間の相続事件を受任したことがあります。調停を進めていよいよ成立、というその日に、私の依頼者が相手方から過去の出来事を持ち出され暴言を吐かれて、調停成立がご破算になったケースがあります。このとき、相手方に黙るという思いやりがあればこのようなことにはなりませんでした。「静まってことばを慎む」ことも立派な愛なのだと思ったことがありました。

聖書は、**「愛は寛容であり、愛は親切です。また人をねたみません。愛は自慢せず、高慢になりません。礼儀に反することをせず、自分の利益を求めず、苛立たず、人がした悪を心に留めず、不正を喜ばずに、真理を喜びます。すべてを耐え、すべ**

てを信じ、すべてを望み、すべてを忍びます。愛は決して絶えることがありません」（コリント人への手紙第一　一三章四～八節）と教えています。愛とはその大半が「〇〇をしない」という不作為なのです。

私たちは、自分たちを攻撃してくる人たちのことで思い悩むことがありますが、必ずしも、その人たちのことを好きになる必要はなく、何か行動を起こさねばならないということもないのです。

聖書は、**「自分を迫害する者のために祈りなさい」**（マタイの福音書五章四四節）と教えています。むしろそういうときは、心を静めて、**「人知をはるかに超えたキリストの愛を知ることができますように」**（エペソ人への手紙三章一九節）と願い、**「その広さ、長さ、高さ、深さがどれほどであるかを理解する力を持つ」**（同一八節）ことができるようにと祈ることが大切であり、そうすることによって真に自分の隣人を愛することができる者へと成長していけるのではないかと思います。

ドイツ人の神父で、反ナチ運動の精神的リーダーであったアルフレッド・デルプという人がいます。彼はヒトラーの命令で逮捕されて三十七歳の若さで処刑されるのですが、ベルリンの刑務所で自分の短い人生の意義について考え、「もし一人の人間によって少しでも多くの愛と平和、光と真実が世にもたらされたなら、その一生には意味があったのである」ということばを残しました。

真に人を愛するということはとても難しいことです。しかし私は、自分の人生において、イエスの愛を知り、理解する力を与えられるよう祈り、積極的に誰かの隣人になって、少しでも多くの愛と平和、光と真実をもたらすことができる者となれるように日々成長しいきたいと願ってやみません。

おわりに

本書をここまでお読みいただきありがとうございました。

この本を書き終えるにあたって、私がどのようにして神を信じるようになったのかをお話しして閉じたいと思います。

私は一九六三年に東京で生まれました。両親はともにクリスチャンで、生まれた頃から教会に連れて行かれていました。

私が神を信じるようになるうえでは、父の影響が大きかったので、父のことを少し書きたいと思います。父は昭和七年生まれで、山口県下関で育ちました。東京大学理科一類に現役合格し、フルブライトでハーバード大学に留学、博士号を取得するという大変な努力家でした。また、大学理学部で助教授をしながら家族をスキーや旅行にも連れて行ってくれる、私の自慢の父でした。

科学者というのは、もともと合理的な考え方をするのでしょうが、父は科学者の中でも超弩級《ちょうどきゅう》な合理主義者で、息子としては困惑させられることもしばしばでした。たとえば、お風呂屋さんに行って、私がコーヒー牛乳を飲みたいと言うと、「馬鹿者！　信明、牛乳からはタンパク質と脂質を摂取するものだ。コーヒーと糖分は無駄だ。白い牛乳を飲みなさい！」と言って、決してコーヒー牛乳は飲ませてもらえませんでした。

このように、尊敬できたうえ、ユニークな父だったのですが、一九七七年十月二十三日、私が中学二年生の時に、事故に遭い、救急搬送先の病院で検査ミスも併発して、五日後に四十四歳の若さで亡くなりました。

その時私は、本当に神がいるのなら、こんなむごいことはしないだろうと思いましたし、私も父ほどではないにしても合理的に考えるほうでしたから、神の存在は科学的に証明できないのだから、神なんていないのではないかとも思いました。そして、あれほど合理的に考える父が、なぜ神なんか信じていたのだろうと疑問に思ったこともありました。

その一方で、科学的合理的に考えて神の存在を否定するのなら、魂の存在もないことになるのではないか？　そうだとすると父の人生は、肉体がこの世に存在した期間だけのもので、父の死とともにすべてが終わってしまうことになるのではないか……。科学的に合理的に考えれば考えるほど、父の存在が否定されていき、人生とはなんとむなしいものなのかと寂しく思うこともありました。

そんな悩みをもちながら高校二年生になって、「初めにことばがあった。ことばは神とともにあった。ことばは神であった。この方は、初めに神とともにおられた。すべてのものは、この方によって造られた。造られたもので、この方によらずにできたものは一つもなかった」（ヨハネの福音書一章一～三節）という聖書の箇所を読んで、「ああそうか、科学科学っていうけれど、科学も神が造ったものなのか。そうだとすれば、後から造られた科学によって、その前から存在する神のことを説明しようとするほうがむしろ不合理なのではないか？」と思うに至りました。こうして、父はきっと科学を超えた存在として神を信じたのだろうと思うようになりました。

そして、あれほど尊敬していた父が信じていた神なのだから、きっと信じる価値があるに違いない、自分も信じてみようと素直に思えたことが私の信仰生活の出発点になりました。

父の死から四十年経った今年、私の息子が二十歳を迎えました。それを機に、父のルーツを知ろうということになり、ゴールデンウィークに息子と二人で山口県下関に出かけました。父は、一九四五年七月二日に、米軍の大空襲を受けて、焼夷弾《しょういだん》が雨のように降る中を逃げ回って何とか助かったのだそうです。自宅のすぐ前の十字路で、人が火だるまになって絶叫しているのを見ながら、どうすることもできずに逃げ惑ったということでした。その後は長崎に疎開したのですが、一か月後に今度は、長崎原爆の爆風で中学校の窓ガラスが吹き飛ばされるという被害にも遭ったそうです。

それから七十二年を経て、息子と二人で、父の自宅があったところに立った時、確かに、科学では神の存在は合理的に説明できないけれど、父は、悲惨な戦争の体験を通して、神を否定して、はかなくむなしい人生を生きることのほうがはるかに不合理なことだと思い知ったのだと感じました。そして、神を信じ、聖書のことばを受け入れて歩むことによってこそ、喜びあふれる人生を歩むことができると確信したのだと思わされました。

イエスは、「だれでも渇いているなら、わたしのもとに来て飲みなさい。わたしを信じる者は、聖書が言っているとおり、その人の心の奥底から、生ける水の川が流れ出るようになります」（ヨハネの福音書七章三七、三八節）と語っています。また聖書は、詩篇三十篇五節で「夕暮れには涙が宿っても　朝明けには喜びの叫びがある」と約束しています。

この本をお読みくださった皆さまが、現実の生活にどんな困難があろうとも、神に強められて、心の奥底から生ける水の川が流れ出し、朝明けには喜びの叫びがある人生を送られますよう心よりお祈りしております。

最後に、私に執筆の機会を与えてくださいました、いのちのことば社の多胡元喜名誉会長、いつも私を温かく励ましてくださった「百万人の福音」編集長の砂原俊幸さん、出版部の藤原亜紀子さん、そして、原稿を読んでアドバイスをくれた愛する妻明子に心から感謝したいと思います。ありがとうございました。

二〇一七年十二月

湊信明

＊初出　「百万人の福音」2014年1月号〜2015年12月号

聖書のことばが人生を拓く
弁護士が語る問題解決の黄金律

2018年2月20日発行
2018年6月15日再刷

著者　湊《みなと》　信明《のぶあき》

発行　いのちのことば社フォレストブックス
〒164-0001　東京都中野区中野2-1-5
編集　Tel.03-5341-6922
営業　Tel.03-5341-6920　Fax. 03-5341-6921

印刷・製本　シナノ印刷株式会社

ISBN 978-4-264-03882-5 C0016